人に頼む技術

コロンビア大学の嫌な顔されずに人を動かす科学

◎目次

第1部 なぜ、頼み事をするのは難しいのか

第1章 誰かに何かを頼むのを気まずく感じる理由

第2部 良い頼み方、ダメな頼み方

第4章 〝助けを求めること〟が抱える矛盾

第5章　必要な助けを得るための四つのステップ

第6章　こんな頼み方をしてはいけない

第3部 人を動かす3つの力

第7章 「仲間意識」を活用する

第8章 「自尊心」を刺激する

第9章 「有効性」を感じさせる

第1部

なぜ、頼み事をするのは難しいのか

第1章 誰かに何かを頼むのを気まずく感じる理由

もし、職場や家庭で誰かに助けを求めたことがあり、そのときに恥ずかしい、決まりが悪いと感じたことがある人に手を挙げてもらうとしたら、間違いなくほぼ全員が激しく手を挙げることになるはずです。

——アリーナ・トゥーゲンド（ジャーナリスト）、「なぜ助けを求めるのはこれほど難しいのか？」、ニューヨークタイムズ紙、二〇〇七年七月七日

死にそうな気持ちになった。

——スタンレー・ミルグラム（心理学者）。地下鉄の乗客に席を譲ることを求めたときに。

コーネル大学の組織行動学教授バネッサ・ボーンズは、共同研究者のスタンフォード大学のフランク・フリンとともに、長年、「人はどのように誰かに助けを求めるか」――さらに具体的に言えば、「なぜ人は助けを求めたがらないのか」について研究してきました。

ボーンズは実験で、被験者に見知らぬ人に近づき、頼み事をするよう指示します。頼み事の内容は、「簡単なアンケートに記入する」「キャンパス内の建物を案内する」「携帯電話を借りる」といった無害なものであり、「お金を貸す」「献血をする」「赤ちゃんを預ける」といったハードルの高いものではありません。にもかかわらず、ボーンズは「実験内容を伝えるとすぐに、被験者が明らかに恐怖や不安に襲われているのが感じられた。部屋全体の空気が変わり、まるで私たち実験者が、これ以上想像できないほど最悪のことを指示したかのような雰囲気になった」と述べています。

しかし、ボーンズの実験をはるかに上回るほど被験者が抵抗を示した研究があります。それは心理学者スタンレー・ミルグラムが一九七〇年代に行った「地下鉄実験」です（ミルグラムは、特定の実験環境下では、被験者が別の被験者〔実際はサクラ〕に命の危険が生じるほどの強い電気ショックを与え得ることを示した「ミルグラム実験」によって論争を引き起こした心理学者としても知られています。この実験は、人間が権威にどう服従するかについての私たちの理解を大きく変えるものでした。ミルグラムの実験ではいつも、被験者は良い気分になれません）。

ある日、年老いた自分の母親から「地下鉄で誰も席を譲ってくれなかった」という不満を聞かされたミルグラムは、地下鉄の乗客に席を譲ってほしいと頼むことがどんな心理的作用を生じさせるのかと疑問を抱きました。そこで、指導していた大学院生から被験者を募り、ニューヨーク市の混雑した地下鉄で、無作為に選んだ乗客に席を譲ってもらうよう話しかけることを依頼しました。実験の結果、学生の頼みに応じて座席を譲ってくれた乗客が六八パーセントもいることがわかりました。しかしその一方で、被験者の学生たちにとって、これはそれまでの人生で最悪だと思えるほどのトラウマ的な体験になりました。被験者だった臨床心理学者のキャスリン・クローは、一人目の乗客に近づいたときに胃が痛くなりました。同じく被験者だった（私の元指導教授でもある）モーリー・シルバーは、男性一人にしか声をかけられませんでした。「声をかけたとき、私が顔面蒼白になり、気絶しそうになっていたので、男性は飛び上がるようにして席を譲ってくれた」

学生たちが大騒ぎしているのを訝《いぶか》しく思ったミルグラムは、自ら地下鉄で乗客に座席を譲ってもらおうとしますが、強烈な不快感を味わい、ショックを受けます。言葉が出てこず、身体が麻痺《まひ》したような強い不安を感じました。「男性に席を譲ってもらったあと、譲ってもらったことに正当性があるように見せかけなければならないという思いにかられ、ひざのあいだに頭を垂れた。顔は真っ青だった。私はそれを演じていたのではなかった。本当に死にそうな気持ちになっていたのだ」

つまり、ほんの些細《ささい》な頼み事をするのを想像するだけで、人はひどく不快な気持ちになるのです。

にもかかわらず、現代の職場では共同作業やサポートが不可欠です。新入社員であれ幹部であれ、誰かの助けがなければ仕事は成し遂げられません。企業では部門横断型のチームや短期集中型のプロジェクト管理手法が採用され、マトリックス型組織や、最小限の階層しかない組織構造の導入も進んでいます。このため私たちは以前より多くの共同作業が必要になり、日常的に誰かに助けを求めなくてはならなくなっています。

逆に言えば、このように**頼み事をする機会が増えるにつれ、小さな苦痛を味わう場面も増えているのです。**

また、同僚や仲間から助けを得ることだけが重要なのではありません。リーダー的な立場にいる人は、メンバー同士が自発的に助け合うような雰囲気をつくらなければなりません。それはマネジメントの核心だとも言えます。

私たちは頼み事の方法を間違っている

それでも、私たちは誰かに助けを求めるのを嫌がっています。その結果、必要なサポートやリソースを得られていません。加えて、〝こうすれば人は自分を助けてくれるはずだ〟と私たちが直感的に考えていることは、たいてい大きく間違っています。ぎこちなく、申し訳なさそうに頼み事をすると、相手の〝助けよう〟という気持ちは薄れてしまいます。私たちは相手に何かを強いることを嫌います。そのことが、意図せずに相手に何かを強いることになってしまうのです。

誰かに助けを求めることは、本質的な矛盾を抱えています。自発的な気持ちで、熱心に相手を助けようとするとき、人は良い気分になります。しかし他者にコントロールされていると感じると、この良い気分は消え去ってしまうのです。たとえば、誰かを助けるように指示されたり、誰かを助けなければならないと考えていたり、助ける以外に選択肢がないと感じていたりするような場合です。

つまり、誰かを助けることで良い気分になるには、自ら望んで支援の手を差し伸べているという、〝主体性の感覚〟が不可欠なのです。心から相手を助けようと思っていなければ、できるだけ手間暇をかけずに助けようという考えが頭に浮かびます。そしてこの単純な事実こそが、私がこの本を書こうと思った最大の理由です。

誰も、一人では生きていけません。私たちには、人の助けが必要です――手を貸してくれる人、足りない部分を補ってくれる人、代わりに何かをしてくれる人。そして、私たちが思っている以上に、人は誰かを助けてあげたいと考えています。しかし多くの場合、私たちは相手が〝コントロールされている〟と感じるような形で頼み事をしてしまいます。その結果、相手の自主的な気持ちが損なわれ、人を助けることで得られる良い気分を感じにくくさせてしまっているのです。

なぜ私たちは、自分を助けてくれた人に、良いことをしたという気分を味わわせることができないのでしょうか？

その理由の一つは、私たちが頼み事をする際、相手に貸しをつくったような気分になるからだと考えられます。貴重な時間と労力を自分のために使ってほしいと頼むとき、それによって相手が良い気分になるとは考えにくくなるからです。

また、相手に自分のために最善を尽くしてもらい、そのことによって気分も良くなってもらうようにするための方法を、私たちは生まれつき知っているわけではありません。以降の章で見るように、自分の要求に対して、相手に自主的に支援の手を差し伸べてもらうには、そのための適切な状況や枠組みをつくらなければなりません。

私はこの本のテーマを「Reinforcement」（レインフォースメント＝強化）にしました。なぜなら、この言葉には二つの意味があり、それぞれが人に助けを求めるうえでとても重要なことを意味しているからです。

「レインフォースメント」は、一般的に〝強化〟のための行動やプロセスとして定義されています。しかしインターネットの辞書サイトで簡単に調べてみるだけでも、この言葉には次の二つの下位定義があることがわかります。

①軍隊などの組織で、増強のために送り込まれる追加の要員。

②特に励ましや報酬などによって、信念や行動パターンを奨励または確立するプロセス。

この、〝**何かを成し遂げるには誰かの力が必要だ**〟という一番目の概念は、本書の大きなテーマとなる、人間の基本的な欲求です。仕事でも日常生活でも、最大限の可能性を引き出すには、必要なときにレインフォースメント（すなわち、「人を動かす力」）を得る方法を理解しておく必要があるのです。そして私たちの多くにとって、この〝必要なとき〟は、毎日です。

〝行動パターンの奨励や確立〟という「レインフォースメント」の二番目の概念には、専門的な意味合いがあります。心理学では、この言葉はよくこの意味で用いられます。行動心理学者のB・F・スキナーが、特定の行動を起こすためにこの「強化」を用いることを「オペラント条件付け」と名付けたのは有名です。人間はスキナーが実験室で研究したようなラットやハトとまったく同じように反応するわけではありませんが、オペラント条件付けの一般原則である、**ある種の結果や報酬は人間を特定の行動に関与させ**

る可能性を高める、という考えは、まさに真実なのです。

ちょっとしたコツで、頼み事は格段に楽で効果的になる

この本は3部構成になっています。

第1部では、〝**なぜ人は誰かに何かを頼むのを気まずく感じるのか**〟について詳しく説明します。私たちが人に助けを求めるときに最初に直面する大きな壁は、「助けを求めるときに人が感じる、世界中の文化に共通する不安を克服すること」です。この不安がなぜ間違っているかを見ていきましょう。具体的には、私たちが必要なサポートを得られる可能性をいつ、どんな理由で低く見積もってしまうのかについて学んでいきます。また、ただじっと誰かが助けてくれるのを待っているのがなぜ無駄なのかについても理解できるようになります。

第2部では、〝**人に助けを求めるための具体的な方法**〟を説明します。相手が積極的に助けようとしてくれ、そのことで心から良い気分になる、そういう頼み方のテクニックです。相手に質の高い助けを提供してもらえるようにするために必要な基本的情報が

何かについても見ていきます。コントロールされたサポート（さまざまな理由によって、相手を助けるしか選択肢がないと感じるとき）と自発的なサポート（心から相手を助けたいと思い、強制されていないと感じるとき）の違いについても学びます。

第3部では、〝**なぜ助ける側の人に働きかけることが必要なのか**〟を掘り下げます。助ける側と助けられる側のあいだに〝私たち〟という感覚をつくり出し、相手に良い気分を味わわせ、人を助けることを自分の〝領域〟であるように思わせることが、質の高い助けを得るために不可欠であることについて見ていきます。

つまり、こちらから頼まなくても周りが進んで助けてくれるようにするにはどうすればよいか、について学びます。

もしあなたが周りから必要なサポートを得られていないのであれば、それは自分が考えている以上に、自分自身の責任です。耳が痛いかもしれませんが、これが厳しい現実です。私たちは、自分が求めていることを、実際よりも明白なものだと見なす傾向があります。そして、はっきりと言葉にしなくても、相手にそれが伝わると考えているのです。心理学では、これを「透明性の錯覚」（自分の心が実際以上に相手に読まれていると思い込む傾向）と呼びます。しかし実際には、あなたの周りにいるのは不親切で気の利かない人たちではなく、単にあなたが何を必要としていて、どんな助けを求めているかがわからない人たちなのです。でも、安心してください。この問題は簡単に解決できます。わずかな知識があれば、あなたは本当に必要としているサポートを得られるようになります。

子供向けテレビ番組の制作者として人々に愛されたフレッド・ロジャーズは、『アーカイブ・オブ・アメリカン・テレビジョン』での四時間のインタビューのなかで、子供たちが現実世界で遭遇する恐ろしい出来事にどう対処すべきかについて、有名なアドバイスを残しています。「小さい頃、恐ろしいニュースを見聞きしたとき、母にこう言われた。〝助けてくれる誰かを探しなさい。必ず、あなたを助けてくれる人がいるから。助けてくれる誰かを探すとき、そこには希望があるのよ〟」

〝人は世間で思われるよりもずっとお互いを助けたがっている。誰かを助けることで、人生は計り知れないほど豊かになる〟——これは私たちを勇気づけ、温かい気持ちにしてくれる、美しい真実です。

脳が感じる現実の痛み

人は、たとえどうしても必要だと感じていても、誰かに頼み事をしたり、助けを求めたりするのをひどく敬遠する傾向があります。たとえば私の父親は、人に道順を尋ねるくらいなら、ワニだらけの沼地を通り抜けるほうがマシだと考えるような、典型的な頑固者でした。当時は今のように携帯電話でグーグルマップを見て行き先を調べられる時代ではなかったので、父の運転する車でドライブをすることにはちょっとした覚悟が必要でした（父は絶対に自分は道を間違っていないと言い張り、それでいて〝この先に何があるかを見てみたい〟という好奇心を抑えきれない人でした）。

誰かに頼み事をするのがなぜこれほど苦痛なのかを理解するには、人間の脳の仕組みを知ることが役立ちます。私たちはよく、「彼に心を傷つけられた」「拒絶され、刺すような痛みを感じた」といった表現を使います。誰かに批判され、「腹を殴られたような痛み」を感じたことがある人もいるはずです。新しい科学分野である社会神経科学は、**脳が筋肉のけいれんやつま先をモノにぶつけるなどの身体の痛みを処理するのと同じよ**

うな方法で、他者との関わりから生じる不快感を処理していることを明らかにしました。この痛みは、「社会的痛み」と呼ばれます。つまり、「心が傷ついた」という表現は、私たちが思っている以上に文字通りの真実を言い当てているのです。

ＵＣＬＡの社会神経科学者ナオミ・アイゼンバーガーは、社会的・身体的な痛みはどちらも痛みと報酬の伝達を司るオピオイド受容体がもっとも高密度で結集している「背部前帯状皮質」（ｄＡＣＣ）と呼ばれる脳の領域に関わっていることを明らかにしました。人に拒絶されたり不当に扱われたりすると、頭痛のときと同じようにｄＡＣＣが活性化します。アイゼンバーガーと共同研究者のネイサン・デウォールは、三週間、毎日一〇〇〇ミリグラムの鎮痛剤（市販薬の「タイレノール」）を服用した被験者群の社会的苦痛が、偽薬を服用した対照群に比べて大幅に減少したことを明らかにしました。鎮痛剤を服用することで、被験者は日常的に体験している拒絶への反応に対する感受性が低くなっていました。つまり、心の痛みと二日酔いは同時に治療できるのです（なぜこの目的で鎮痛剤の「イブプロフェン」が販売されていないのか、私にはさっぱりわかりません）。

　なぜ人間の脳は、他者との別れを腕の骨折のような痛みとして感じるのでしょうか。それは、肉体的なものであれ、社会的なものであれ、痛みは人間が過酷な環境下で生存していくためにとても重要な合図だからです。痛みは、何かが間違っていること、すなわち身体の健康や他者とのつながりが損なわれていることを警告します。どちらも、人類誕生以来、生存のために不可欠なものです。UCLAの社会神経科学者マシュー・リーバーマン（アイゼンバーガーの夫で、共同研究者でもある）は、その刺激的な著書『Social（邦題：21世紀の脳科学）』で次のように書いています。「私たちは愛や帰属を〝それなしでも生きてはいけるが、あったら便利なもの〟というふうに見なしがちだ。だが実際は、人間にとって他者とのつながりは生存のために不可欠のものである。故に、私たちの身体は生物学的にそれを渇望《かつぼう》するようにつくられている」

　人間の乳児は他の哺乳類の乳児よりもはるかに無力で脆弱な状態で生まれます。大人の人間も、賢さは備えているものの、人類の親類ともいえる霊長類の動物に比べて身体的な強さに特に恵まれているわけではありません。つまり私たちが生き延びるためには、常に集団になり、他と力を合わせていかなければならないのです。社会的苦痛は、生きていくために所属しなければならない集団からはぐれかけているという危機に瀕《ひん》していることを、脳が私たちに知らせる合図なのです。

ニューロリーダーシップ・インスティテュートのディレクター、デイビッド・ロックは、痛みの反応（とそれに伴う「作業記憶の低下」や「集中力の低下」などのネガティブな結果）をもたらす各種の社会的脅威について、長年にわたり調査と執筆を続けています。ロックはこの社会的脅威を、次の五つのカテゴリーに大別しています。

▼「ステータスへの脅威」から生じる痛み

ステータスとは、他者と比較した自らの価値や重要性の認識のことであり、集団内で周りが自分をどれくらい尊重しているかを測る尺度です。私たちは職場や私生活で、無意識に自分を絶えず周りと比べています（研究によって、私たちは自分よりも劣る人を意図的に選んで比較することで、頻繁に自分にステータスの報酬を与えていることがわかっています。心理学では、これを「下方社会的比較」と呼びます）。友人や同僚からの軽蔑や否定、無視などは、ステータスへの大きな脅威になります。

▼「確実性への脅威」から生じる痛み

人間には〝未来を予測したい〟という生まれついての強い欲求があります。私たちは、目の前の現実を理解し、少し先の未来に対処（必要なら逃走）するために、これから何が起こるのかを知りたいと考えます。私たちが職場や家庭で経験する「この恋愛はいつまで続くのだろう」「会社が合併したら解雇されるかもしれない」といった先の読めない人間関係は、大きなストレス源になります。

▼「自律性への脅威」から生じる痛み

未来を予測したいという欲求には、〝起こり得る事態に対処したい、物事を自分の意思でコントロールしたい〟という欲求が付随します。これから何が起こるかを知ることができても、それにうまく対処できなければ不十分です。心理学は長いあいだ、自律性（＝オートノミー。自分で物事を選択し、それに従って行動しているという感覚）は人間の基本的な欲求であると主張してきました。人はこの自律性の感覚を失うと、苦痛を味わいます。その感覚が長引けば、長期的な抑うつに襲われ、心身を消耗させてしまうことがあります。

▼「関係性への脅威」から生じる痛み

関係性とは、集団への帰属意識や他者とのつながりのことです。これは、脳内で生じる報酬と脅威の、極めて強力な原因です。社会心理学は、「拒絶」のような関連性への脅威に対する人間の感受性を長いあいだ研究し、客観的には些細なものに思える拒絶が、深刻な影響を生じさせ得ることを明らかにしました。

たとえば心理学者のキップ・ウィリアムズは、実験室で被験者に「サイバーボール」と呼ばれるコンピューターゲームをするように指示します。被験者がすべきことは、他の架空のプレイヤー二人と、定められた時間、コンピューター上でボールをパスすることだけです。ただし、この実験は仕組まれたものでした。最初は、三人のプレイヤーは順調にボールをパスします。しかしすぐに、他の二人の架空のプレイヤーは、被験者を無視して二人だけでパスを続けるようになります。

「心理学の実験室での子供じみたゲームで無視されたくらい、たいした問題ではないだろう」と思う人もいるかもしれません。しかし、そうではありませんでした。架空のプレイヤーからボールを渡されず、疎外感を味わった被験者は、「他者とのつながりの感覚」「前向きな気分」「自尊心」などを大幅に低下させていました。被験者は、他の二人のオンラインプレイヤーに拒絶されたという、現実的に考えれば些細なことのために、猛烈に不幸な感覚を体験していたのです。これが関連性への脅威です。

▼「公平性への脅威」から生じる痛み

人間は、公平に扱われることに対してとても敏感です。公平性のためなら、あまり良くない（あるいは、とても悪い）結果さえも受け入れることがあります。このことを見事に表しているのが、心理学で「最終通告ゲーム」と呼ばれるものです。

このゲームは通常、被験者二人に一定額の金を分配させるという形をとります。被験者の一人には、「金を分配する割合を決め、もう一人にそれを提案する」という役割が与えられます。もう一人の被験者は、その提案を受け入れるか拒否するかの決定権が与えられます。提案が却下された場合は、二人ともまったく金が得られません。

合理的な観点から言えば、たとえ自分の取り分が少なくなったとしても、提案された側の被験者はそれを受け入れるほうが得です。拒否すれば、まったく金が手に入らないからです。しかし研究によって、分配率が明らかに不平等である場合（たとえば一〇ドルを分割するのに「五ドルずつ」といった平等感のあるものではなく、「九ドル対一ドル」といった一方的な割合になっている）、提案された側の被験者はほぼ間違いなくそれを拒否します。その結果として、二人ともまったく金を得られなくなるにもかかわらず、です。つまり、ある行動をとることで不公平な結果がもたらされると思われる場合、たとえ良いことが起こるとしても、それは私たちの判断にとてつもなく大きな影響を及ぼし得るのです。

これが、社会的脅威の五つのタイプです。

これで、私たちが人に頼み事をするときになぜ嫌だと感じることが多いのかが、よくわかったのではないでしょうか。私たちは、誰かの助けを得ようとするときに、この五種類の社会的苦痛をすべて同時に体験する可能性があるのです。

人は他者に何かを頼むとき、無意識にそのことで自分の**ステータス**が下がると感じやすくなります。それが自分の知識や能力の不足を意味し得るものである場合には、馬鹿にされたり軽蔑されたりするかもしれないという不安を覚えるからです。相手がこちらのリクエストにどう応えてくれるかがわからないので、**確実性**の感覚も下がります。また、相手の反応を受け入れなくてはならないので、**自律性**の感覚も低下します。相手に「ノー」と言われたとき、個人的に拒絶されたように感じることがあるため、**関連性**への脅威も生じます。そしてもちろん、「ノー」と言われたときに、相手との関係に特別な**公平性**を感じることはめったにありません。

私たちが人に助けを求めることを疫病のように避けようとするのも当然です。むしろ、助けを求めるよりも疫病にかかるほうがましだと思うかもしれません。

第1章のまとめ

●ほんのわずかであっても、〝人に助けを求める〟という考えを頭に抱くことは、私たちをひどく不快にする。研究によって、それは肉体的痛みと同じくらい現実的な「社会的痛み」を引き起こす可能性があることがわかっている。

●誰かに助けを求めるのは難しい。不器用でぎこちない、遠慮がちな頼み方は裏目に出やすく、相手に助けてもらえる可能性を低くしてしまう。つまり助けを求めることに消極的だと、必要な支援を得られなくなる。

●うまく人の力を借りるには、相手に〝助けよう〟という動機を持たせるための小さな合図である、「人を動かす力」（レインフォースメント）を理解する必要がある。これを実践できると、周りから助けてもらいやすくなる。

第2章 なぜ〝頼んでも断られるだろう〟と思うのか

誰かに何かを頼むときに感じる苦しみの大きさは、その要求がどれくらいの割合で拒絶されるだろうかという予測によっても変化します。そして率直に言って、私たちはこの予測がとてつもなく下手なのです。

前述したコーネル大学の組織行動学教授バネッサ・ボーンズは、実験の被験者が困る様子を楽しみたいから、見知らぬ人に頼み事をさせたのではありません。「**人はなぜ、誰かに直接的に頼み事をするときに、相手がそれを受け入れてくれる確率を実際よりも大幅に低く見積もるのか**」という不思議な現象を解明しようとしていたのです。

ボーンズは、被験者に「見知らぬ人に頼み事をする」というタスクを与えて外に向かわせる前に、見知らぬ人たちがこちらの要求に「イエス」と言ってくれる割合はどれくらいになると思うかと被験者に尋ねていました。実験結果は驚くべきものでした。

被験者となったコロンビア大学の学部生は、キャンパス内の見知らぬ人に頼み事をするよう指示されます。具体的には、五分から一〇分かかるアンケート調査への記入を依頼するというものでした。事前に被験者に「五人にアンケートを記入してもらうまでに何人に声をかけなければならないと思うか」と尋ねたところ、その回答は平均で約二〇人。しかし実際には、平均で約一〇人でした。ボーンズらは、「携帯電話を少しだけ借りる」「キャンパス内のジム（徒歩わずかの距離）に案内する」といった頼み事でも同じ実験を行いましたが、どちらの場合も被験者は実際よりも頼み事が成功する確率を低く見積もっていました。

別の研究では、被験者の学生はキャンパスで「スカベンジャーハント」（ヒントを探りながら目的に辿り着くゲーム）に参加します。このゲームの一部として、被験者はキャンパス内で見知らぬ学生にｉＰａｄ上に表示した雑学クイズに答えてもらい、正解するごとにポイントを獲得します。被験者は事前の予想では、相手が答えてくれるクイズの数を少なく見積もっただけではなく（二五個に対して実際は四九個）、相手がクイズを解くために投じる労力（＝正解数）（一九個に対して実際は四六個）、クイズを解くために投じる時間も少なく見積もりました。

現実世界への影響を伴う事柄を対象にした研究もあります。白血病リンパ腫協会向けの募金活動に初めて取り組もうとしているボランティアたちに、所定の募金目標を達成するために何人に連絡を取る必要があるか、その平均寄付額はどれくらいだと思うかを尋ねます。ボランティアたちの予想の平均は、連絡を取る必要があるのが二一〇人、平均寄付額が四八・三三ドルでした。しかし、実際にはわずか一二二人への連絡で目標の募金金額を達成でき、平均寄付額も六三・八〇ドルでした。

ボーンズは、被験者延べ一万四〇〇〇人以上の見知らぬ人にさまざまな種類の頼み事をした複数の研究を分析し、被験者が成功率を平均で約四八パーセント低く見積もっていたことを明らかにしました。**つまり、私たちが思っているよりも約二倍、人は誰かを助けたがっているということです。**

これは、頼み事の内容が、助ける側にとって〝負担が大きい〟〝苛立ちを感じる〟、さらには〝違法かもしれないと思われる〟といった場合でも同じです。ある研究では、被験者は大学の図書館に行き、そこにいる見ず知らずの学生に、図書館の本のページに「pickle」（ピクルス）という単語をペンで書くように依頼することを指示されました。知らない人からいきなり頼まれて、そんな無茶なことをする人なんているわけがない、と思った読者もいるかもしれません。しかし、実際には六四パーセントもの人が同意したのです（実験開始前、「本に落書きをしてください」と見知らぬ人に頼まなければならなかった不幸な被験者は、相手がそのリクエストに合意する確率をわずか二八パーセントと予測していました）。

これは、どういうことなのでしょうか？

なぜ頼み事をする人は、成功の見込みをこれほどまでに低く見積もってしまうのでしょう？　ボーンズらは、その主な原因は、視点の置き方にあると主張しています。一般的に、私たちは頼み事がうまくいくかどうかについて予測するとき、それが頼まれた側にとってどれほど不便か、煩《わずら》わしいかに意識を向けます。そして、相手がそれを面倒だと感じるだろうと思うほど、成功の見込みは薄くなるだろうと考えるのです。これは一見すると論理的な考えに思えます。しかし、実はこの予測はとても重要な点を見逃しています。それは、頼まれた側が「ノー」と断るときに生じる負荷です。

頼まれた相手はプレッシャーを感じている

最近、誰かからの頼み事を断ったときのことを思い出してみてください。どんな気持ちになったでしょうか？　頼んできた相手を特に嫌っていたりしない限り、きっとひどい気分を味わったはずです。うろたえ、恥ずかしくなり、罪悪感を覚えたかもしれません。相手の期待に応えられなかったことで、自尊心も低下したことでしょう。結局のところ、私たちは良い人でありたいと思いながら生きています。そして、良い人とは親切だと考えています。

つまり頼み事をされた人には、「イエス」と言わなければならないという、心理的、対人的なプレッシャーが大きくかかっているのです。そして、このプレッシャーは頼まれた側にとっては顕著《けんちょ》に感じられるものなのですが、頼んだ側にとっては感知しにくいものなのです。概して、私たちは他人の行動の予測が得意ではありません。なぜなら人間は生得的に、自分の置かれている状況を客観的に俯瞰《ふかん》するのが苦手だからです。私たちはみな、過去に誰かを助けた経験があります。にもかかわらず、自分が同じような助けを必要としているときに、誰かに助けを求められたときの人の視点を持つことがうまくできないのです。ボーンズが述べているように、「私たちは自分の感情や心配事に目を向けすぎているために、相手の立場に身を置くことができなくなっている」のです。

面と向かって助けを求めると、相手がそれに応えてくれる確率はもっとも高くなります。その大きな理由は、助けを求めてきた人が目の前にいると、それを断るのは気まずく、社会のルールに違反するという感覚が大幅に強まるからです。一方、電子メールなどを用いて間接的に助けを求めた場合は、相手は直接的に助けを求められたときのような抵抗は示しません。それなのに、助けを求める人はこの点を考慮に入れず、どちらの方法を選ぶかと尋ねられた場合には、間接的な方法をとろうとします。

このように、頼み事をするときに相手に実際に助けてもらえる見込みを過小評価する傾向は、世界のあらゆる文化で見られます。特に、東アジアのような集団主義的・相互依存的な文化と比べ、アメリカや西ヨーロッパのような個人主義的な文化ではこの過小評価が顕著です。集団主義的な文化では、人は「ノー」ということへの抵抗を強く意識しているために、助けを得られる確率を、個人主義的な文化と比較して正確に見込めると考えられています。

また、問題は単に〝相手が助けてくれるかどうか〟という確率だけではありません。研究によって、人は〝頼み事に同意してくれた相手が、自分のために費やすであろう労力の量〟も過小評価することがわかっています。社会的規範は、私たちに人助けをすることを求めるだけではなく、〝親身になってしっかりと助けること〟を求めているのです。それでも私たちはそのことが自覚できず、誰かに助けを求めるときに、〝相手が自分のために真剣に手助けしてくれるわけなどない〟と考えてしまいます。自分が誰かから頼み事をされたときには、真剣に手助けしようとするにもかかわらず、です。

これも、私たちが助けを求めるときに、うまくいく見込みを低く見積もってしまう理由の一つです。心理学では長いあいだ、人が何かをするときの動機は、（おおまかにいって）次のようなモデルによって捉えられると考察してきました。

動機 ＝ 成功への期待 × 成功がもたらす価値

つまり、私たちが何かをしようとするときは、⑴成功する可能性の見込み、と⑵成功したときに得られるもの、の二つが動機として作用しているのです。

この理論を〝助けを求めること〟に当てはめると、私たちが誰かに頼み事をするときの動機付けは、相手が「イエス」という確率と、どのような質の助けを得られるかという二点についての予測の産物であると言えます。そして、私たちはこの二つをどちらも過小評価しているのです。この二重の誤算に加え、助けを求めることで生じ得る五種類の脅威（第1章）もあります。私たちが人に頼み事をせず、自分一人ですべてをしてしまおうと考えるのも無理はありません。

ボーンズが好ましく感じたのは、実験の最後に、〝見知らぬ人に頼み事をする〟という一時間のタスクを終えて研究室に戻ってきた被験者を見たときのことでした。「みな嬉しそうに満面の笑みを浮かべながら戻ってきた。このタスクがとても簡単だったことに驚き、〝人間とはなんて親切なんだろう。世の中はなんて素敵な場所なんだろう〟という印象を抱いて帰途についた」

私自身も、何度も同じような経験をしたことがあります。

マンハッタンの歩道に財布を落としたときは、それを拾った見知らぬ人が郵送で届けてくれました（もちろん、中身は一切抜き取られていませんでした）。携帯電話の電波も届かない僻地の雪道で溝に車のタイヤがはまってしまったときも、通りかかった人たちが協力して車を車道に押し出してくれました。朝のゴミ出しの途中で、子熊ほどもある大きなアライグマに追い詰められて立ち往生していたときにも（なんて間抜けなんだとつっこまないでください）、近くにいた人が追い払ってくれました。こうした体験をするたびに、胸がじんと温かくなり、人間とはなんて優しいのだろうと、驚きつつも嬉しくなります。たしかに、世の中は素敵な場所のように思えます。

人は、親切でありたいと考えています。もちろん、すべての人がそうだとは限りません。**しかし、私たちが想像しているよりもはるかに多くの人たちが、他人に親切にしたいと思っているのです。**そして、助けを求めれば、たいていの場合はそれが得られるのです。スティーブ・ジョブズも同じ考えを持っていました。アップルに復帰する数年前の一九九四年のインタビューで、近年における世界屈指の成功者であるジョブズは、人に助けを求めることがなぜそれほど重要であるかについて次のように語っています。

僕は日常的に、助けを求めれば人はそれに応えてくれる、ということを実感している。この真実に気づいている人は少ない。なぜなら、めったに誰かに助けを求めようとしないからだ。誰かに何かをお願いしても、それを無下に断られることなんてめったにない。(中略)僕が頼み事をしたときに、「嫌だね」といって電話を切る人はいなかった。その相手から同じように頼み事をされれば、僕も力を貸す。相手に恩義を返したいと思うからだ。でも、電話をかけて誰かに助けを求めようとする人は少ない。それが、何かを成し遂げる人と、夢を見るだけで終わる人との差になることもあるのではないかと思う。

「一度断られた相手は、次もノーと言うだろう」という誤解

私たちが、〝助けてくれる見込み〟を特に過小評価してしまう人のカテゴリーがあります。それは、過去に依頼を断られたことがある人たちです。

この章の前半では、頼み事を断るのは実に気まずい気分を味わうものだと述べました。世間では、人はお互いに助け合うべきだと考えられています。ですから私たちは、〝助けを求めてきた人に手を差し伸べなかった自分は悪い人間だ〟という感覚を覚えてしまうのです。では、リクエストを二度続けて断ることがどれほど気まずいものになるかを想像してみてください。

断る理由を見つけるのはそれほど難しいことではありません。だからこそ、誰かに助けを求めても相手が一〇〇パーセントそれに応えてくれるわけではないのです。「いま忙しいから」「今日は体調がすぐれないから」といった言い訳は、罪悪感を和らげてくれます。しかし、同じ言い訳を毎回使えるわけではありません。二度目に頼み事をされたときには、もっとうまい断りの理由を見つけなければなりません。そうしなければ、無視できないほどの強い罪悪感に苛《さいな》まれてしまうことになるからです。研究結果も、このことを明確に示しています。最初のリクエストを断った人が、二度目に応じる可能性は上がります。そう、**一度「ノー」と言った人に別の機会に頼み事をしたとき、助けてくれる確率は、低くなるのではなく、高くなるのです。**

正直に言います。私は、自分の本の推薦文を人に依頼するのが大の苦手です。それが好きな著者などいるのでしょうか。私がこれを苦手だと感じる理由は、人が誰かに助けを求めるのが苦手な理由とまったく同じです。とはいえ、この本は私にとって五冊目の著書です。これまでに多少なりとも経験を積んだことで、幸いにも、以前に比べると推薦文の依頼を少しは楽に感じるようになってきました。

初めての本のときは、ちょっとした悪夢のようなものでした。出版エージェントに、お願いだから推薦文の依頼をしなくてもすむようになんとかしてほしいと頼み込んだくらいです。ボーンズが実験で「被験者は頼み事に相手が同意してくれる見込みは薄いと考えるだろう」と予想したのと同じように、私は自分の本を読むことに同意する人なんて誰もいないはずだと考えていました。でもエージェントに促され、しぶしぶ依頼をしました。そして結局は（ボーンズが実験で予測したのと同じように）、依頼をしたほとんどの人が原稿を読み、好意的な推薦文を書いてくれたのです。

意外にも、依頼にネガティブな反応をしたのは一人だけでした。彼とは知り合いでした し、共通の親しい友人もいたので、原稿を読んでくれるはずだと思っていました。しかし、私のリクエストは完全に無視されました。嫌な気分を味わいましたが、しばらくするとすっかり忘れていました――二冊目の本の原稿を書き、再び推薦文を依頼しなければならないときがくるまでは。

再びエージェントに指示され、複数人に推薦文を依頼しなければならなくなりました。なんとか推薦文を書いてもらおうと、もっともらしい理由を捻り出そうとしたり、直接的に懇願するような内容の依頼をしたりしました。エージェントは、前回無視された彼にも頼むべきだと言いました。私はそんなのはあり得ないと思いました。「なんで、よりによってあの彼にまた依頼しなければならないの？　前に私を無視したあの人が、助けてくれるわけがないじゃない」――でも、結果的に彼は素晴らしい推薦文を書いてくれました。こちらが恥ずかしくなるほどの、手放しの絶賛の言葉でした。振り返ってみると、私自身も似たような行動をとったことがあります。身勝手な都合や面倒くささ、忙しさなどを理由に頼み事を断った人から二度目の依頼をされると、一度目のときの埋め合わせをしようと、相手の要求に懸命に応えようとするのです。

当時の私は〝助けを求めることに関する科学的研究〟についての知識が少なく、自分の考えがどれほど間違っているかを自覚していませんでした。私が知らなかったのは、たとえばスタンフォード大学の学生を被験者にして、「キャンパス内を移動中の一五人の見知らぬ人に、一ページのアンケート記入を依頼する」というタスクを行わせたダニエル・ニューアーク、フランク・フリン、バネッサ・ボーンズらによる実験です。被験者はアンケート記入を依頼した見知らぬ人が「イエス」と「ノー」のどちらの回答をした場合でも、二度目の依頼（「手紙を書くこと」）をしなければなりません。

被験者はキャンパスに出向く前には（間違いなく、この時点では気が重くなっていたはずです)、「最初の依頼に〝ノー〟と言った見知らぬ人が、二度目の依頼に〝イエス〟と答える割合はどれくらいだと思うか」と尋ねられました。被験者は一八パーセントと見積もりましたが、実際には四三パーセントでした。一般的に、相手がこちらの依頼に「イエス」と答えてくれる割合は、一度目よりも二度目のほうが高くなります。これは、一度目の依頼を断ったことで居心地の悪さを覚えた人が、二度続けて同じような嫌な気持ちを味わいたくはないと思うからだと考えられています。

「ドア・イン・ザ・フェース」と「フット・イン・ザ・ドア」

「ドア・イン・ザ・フェース」と呼ばれる有名なセールス手法も、まさにこの考えに基づいています。このテクニックの概念はとても単純です。まずは、極めて難しいか常識外れな、相手が必ず断ると思われる要求をします。それから、最初のものに比べればはるかに合理的な要求をします。そうすることで、二度目の要求が通りやすくなるというものです。

このテクニックがどのように機能するかを実証した有名な研究に、被験者に非行少年の指導員になることを依頼した実験があります（実施したのは、「説得」をテーマにした研究で知られる社会心理学者ロバート・チャルディーニら）。指導員になるには、二年間、毎週二時間を指導に費やさなければなりません。当然ながら、被験者全員が「ノー」と答えました。次に実験者は、これらの非行少年たちを一日だけ動物園に連れていってくれないかと被験者に尋ねます。

最初のリクエスト（二年間、非行少年の指導員になること）は尋ねず、二番目のリクエスト（一日だけ動物園に非行少年を引率する）のみを尋ねられた対照群の被験者は、一七パーセントが依頼に同意しました。しかし、最初に指導員になることを頼まれ、それを断った実験群の被験者は、五〇パーセントが動物園への引率に同意したのです。つまり、被験者が小さな二番目のリクエストに対して「イエス」と答える確率は、最初の大きなリクエストをされた場合より、約三倍も増えていたのです。

（人気漫画の『カルビンとホッブス』にこんなエピソードがあります。主人公の少年カルビンは、「ドア・イン・ザ・フェース」のテクニックを使って母親からおやつをもらおうと企みます。まずは母親に「ベッドのマットレスに火をつけてもいい？」、次に「屋根の上で三輪車に乗ってもいい？」と尋ねますが、「ダメよ、カルビン」と断られます。そこでカルビンは「じゃあ、クッキーをくれる？」と尋ねますが、またしても母親に「ダメよ」と断られ、「ママは全部お見通しだ」とつぶやきます。このエピソードは、「ドア・イン・ザ・フェース」を使うときは、単刀直入な方法ではなく、繊細な感覚が求められることを物語っています）。

このテクニックの効果が起こる理由の一部は、「コントラスト効果」（対比効果）と呼ばれる理論で説明できます。つまり、二つ目のリクエストは一つ目のリクエストと比較して些細に見えるので、たいしたことではないという錯覚が生じるのです。そして、このテクニックの効果のもう一つの大きな原動力は、私たちが抱いている「社会的責任」の感覚です。

私たちは**〝誰かに頼み事をされたとき、親切で協力的であるべきだ〟という考えを持っています。そのため、二度続けて断ることに耐えがたいほどの抵抗や罪悪感を覚え、その結果として「イエス」と答えやすくなるのです。**

過去に役に立てなかった相手に対して埋め合わせをしたいという衝動を持つのは、概して良いことです。助けることは、相手との絆《きずな》を深め、ねじれた関係を修復するのに役立ちます。過去に拒絶されたことのある人への再度の頼み事で得られるのは、今度こそは「イエス」と言ってもらえる確率が高まることだけではありません。それは、相手に前回感じた気まずい気分を打ち消す機会を与えることにもなるのです。**一度断られたからといって、二度と助けを求めなければ、お互いが得られるかもしれないメリットを逃してしまうことになってしまいます。**

では、最初の依頼に「イエス」と答えた人に二度目の依頼をした場合はどうなるのでしょうか。すでに一度助けているのだから、二度目は助けてくれる確率は低くなるのでしょうか？　いいえ、違います。一度目を断った人が二度目の依頼に応えてくれやすくなるのと同じように、一度目に依頼に応えてくれた人も、二度目の依頼に答えてくれやすくなるのです。それは、助けを求める人にとって心強い味方になる、「認知的不協和」のおかげです。

不快感は修正したくなるという心理現象

「認知的不協和」は不思議な作用をもたらす強力な心理現象です。人間は誰しも、一貫性のある信念を必要としています。**私たちは、自分の頭のなかにある複数の考えが一貫していること、その考えと一致する行動をとることを好みます。**もし、ある物事や人物に対する考えが一貫性を欠いていると（たとえば〝ジョンは税金をごまかしている〟と〝ジョンは良い人だ〟という考えを同時に抱いている）、一種の心理的な苦痛が引き起こされます。これが、認知的不協和です。この苦しみは、〝厄介な不快感〟や〝何かが間違っているという感覚〟といった言葉で表現されます。この不協和を解決して不快感を取り除く唯一の方法は、矛盾する考えのどちらか一つを変更することです（つまり、〝ジョンが税金をごまかしていてもかまわない〟ことを納得できる理由を考え出すか、〝実は良い人ではなかった〟とジョンについての認識を改める）。

過去に助けた相手を今度は助けようとしないことは矛盾になり、認知的不調和の不快な緊張感が生じます。研究によれば、人は最初の要求に応えた後は、さらに手間や労力をかけて進んで相手を助けようとします。この事実は、「ドア・イン・ザ・フェース」の逆のセールス手法とも言える、「フット・イン・ザ・ドア」と呼ばれるテクニックにも影響を与えています。

「フット・イン・ザ・ドア」では最初に、まず間違いなく相手が受け入れてくれそうな、ごく簡単な依頼をすることから始めます。相手が「イエス」と答えたら、次にもっと大きな要求をしていくのです（私は友人から、この手法をうまく使われたことがあります。彼女はまず、二週間不在にするので、私のアパートで植物の世話をしてほしいと頼んできました。私が「もちろんいいわよ」と快諾すると、次はセントバーナードを預かってくれないかと言いました。私はこれも受け入れました。そのとき家じゅうに落とされた犬の毛は、それから約一年経っても床に落ちていました）。

「人が自分を助けてくれるかどうか」「いつ助けてくれるか」「助けてくれたとき、相手はどんな気持ちでいるか」について私たちが直感的に頭に浮かべていることが現実とは大きく異なっているのは、驚くべきことです。結局のところ、**私たちはみんな助けを求める人《シーカー》であると同時に、助けを与える人《ギバー》でもあります。**

　ですから、助けを求められたときに「ノー」と言うのがどれほど難しいかは、よくわかっています。私たちは、助けを求めてきたからといって、その相手を嫌いになったりしないことも理解しています。そのことを、誰かの助けが必要になったときに頭に入れておくだけで、頼み事ははるかに簡単になるのです。

第２章のまとめ

●助けを求める人は、相手が助けてくれる可能性を過小評価する傾向がある。これはとても価値のある事実だ。なぜなら、私たちが想定しているよりも、人から助けてもらえる可能性は高いということだからだ。

●何かを頼まれたとき、「ノー」と答えるのは大きな苦痛を伴う。そのため、一度目に断った相手から二度目の依頼をされたときには、「イエス」と答える確率が上がる。連続して「ノー」というのは、それほどまでに心苦しいことなのである。

●「認知的不調和」のために、一度「イエス」と言った相手からの依頼には「ノー」と答えにくくなる。「私は人助けをする、親切な人間だ」という自己認識を保ちたいと考えるからだ。

●これらはすべて、助けを求める人にとっては良い知らせである。

第3章

〝頼み事をしたら嫌がられるかもしれない〟という誤解

アメリカ建国の父と呼ばれるベンジャミン・フランクリンは、観察眼が極めて優れ、その結果としてさまざまな発明品を生み出しました——避雷針、遠近両用眼鏡、フランクリンストーブ（高燃焼効率ストーブ）、カテーテル、水泳用フィン（そう、水泳用フィンです。興味がある人は調べてみてください）。フランクリンは人間観察にも熱心で、「禁欲」「規律」「倹約」「節制」などから成る「一三の徳目」を定め、一つの徳目をテーマに掲げて一週間を過ごすことを年に四回繰り返していたことで知られています。フランクリンは、これらをすべて体現すれば「道徳的完成」を達成できると考えていました（日記には徳目の習得に関する自らの成功と失敗を記録し、「想像していたよりもはるかに多くの失敗をしていることに気づいて驚いた」と書いています。ベン、私も同じです)。
フランクリンは、助けを求めることに関する優れた観察をしています。具体的には、自分の職を危ぶませているような敵対関係にある人物にあえて助けを求めることがどのような影響を生じさせるか、です。自伝のなかで、彼は次のように書いています。

私にとっての初めての昇進は、一七三六年に州議会の書記に選ばれたことだった。その年は異議なしで選ばれたが、翌年、私が再び候補者になったとき(議員と同じく、この立場も毎年選び直された)、ある新人議員が私を批判する長い演説をし、他の候補者への支持を訴えた。だが結局、私が選ばれた。それは私にとっては望ましいことだった。書記として報酬がもらえるのに加えて、他の議員の関心事を把握しやすくなるからだ。私が営む印刷業で、投票や法律、紙幣などに関する印刷の仕事を受注しやすくなることにもつながり、全体として大きな利益をあげられるようになる。だから私は書記としての自分の立場を危ぶませる件《くだん》の新人議員に対して穏やかではない気持ちを味わっていた。この議員は財産と教育のある紳士で、将来的に議会で大きな影響力を持ちうる能力をもった人物だった(実際、その通りになった)。だが私は、この議員にこびへつらって支持を得ようとはせず、しばらく後に、次のような手段を試みた。その議員がとても稀少で興味深い本を持っているという噂を聞いた私は手紙をしたため、ぜひその書物を読んでみたい、数日間貸してもらえないだろうかと伝えたのだ。彼はすぐに本を送ってくれた。私は一週間後、熱い感謝の手紙を添えて本を返した。その次に議会で会ったとき、彼のほうから礼儀正しく話しかけてくれた（そんなことはこれまでに一度もなかった）。それ以降も、私を支持する態度をとってくれるようになった。結局、私たちは良き友人になり、その友情は彼が他界するまで続いた。これも、私が学んだ古い格言が当てはまる好例だ。「一度親切をしたことのある相手には、義務感のためにそうしなければならない相手に対してよりも、さらに親切にしようとする心理が働く」（強調筆者）。

頼み事に応じるとその人に好意を抱く

一見すると、これはよく意味がわからないエピソードだとも言えます。その議員は、それまでフランクリンのことをほとんど気にかけず、話をすることもなく、別の書記候補者を推してさえいました。それが、稀少本を貸してほしいと頼まれたことで、フランクリンに好意を抱くようになったのです。認知的不協和（第2章）のことを思い出せば、これが十分に起こり得るものであることがわかります。

その議員は、フランクリンに本を貸すことで強烈な認知的不協和を覚えたはずです。〝人は頼み事を断るときに大きな抵抗を覚える〟ことをボーンズの研究が示したように、議員は〝本を借りたい〟というフランクリンの要求に対して強いプレッシャーを感じていたはずです。そして本を貸した後に、次の二つの矛盾する考えを頭に抱くようになりました。①ベンジャミン・フランクリンに価値の高い稀少本を貸した。②私はベンジャミン・フランクリンのことが好きではない。

時計の針を巻き戻して、フランクリンに本を貸すのをやめることはできません。ですからこの議員にとってこの不快感を取り除くための方法は、実際にフランクリンを好きになること以外にありませんでした。フランクリンに好意を抱けば、問題はすっきりと解決します――好きな人のために好意的な態度をとることは、ごく自然で一貫した行動なのですから。このように、認知的不協和は助けを与える側に助けを受ける側への好意を抱かせる強力な作用があります。相手に好意を持つことで、矛盾した考えから生じる苦しみは消え、心に葛藤《かっとう》を抱えなくてもすむようになります。

ほとんどの人は、〝助けることは、助けられることよりも、はるかに印象を良くするものだ〟という間違った考えを抱いています。実際、人は誰かに助けられたときに複雑な感情を抱くことがあります。恥ずかしさや自己嫌悪から、助けてくれた人に対して腹を立てることすらあります（「誰かの力を借りなければならないなんて情けない。あなたのせいで、私は惨めな気分を味わっている」といった考えを持ってしまうのです）。

一方、助ける側に生じる効果は一貫しています。助けることで、相手に対してさらに好意を抱くようになるのです。

この現象をよく表しているのが、一九六〇年代に心理学者のジョン・ジャッカーとデイビッド・ランディが実施した、一風変わった実験です。実験者は「ミスター・ボイド」と名乗る人物。研究室を訪れた被験者の大学生に、「質問に答え、正解数に応じて報酬が与えられる」という実験の内容を説明します。ただし、ボイドは（わざと）とても愛想悪く振る舞います。冷たく抑揚のないしゃべり方をし、友好的な素振りなどみじんも見せません。「同じことを繰り返したくないから、私の話をよく聞くように」といった感じで被験者に実験手順を説明します。

質問に答え終わった被験者（全問正解になるように仕組まれています）の身には、次の三つのうちの一つが起こります。

●三分の一の被験者は、報酬を与えられた後にアンケートへの回答を求められます。アンケートには、「個人的に、ミスター・ボイドのことをどう思いましたか？」という質問が含まれています。これは対照群です。

●次の三分の一の被験者は、報酬を与えられた後に、実験アシスタントから「心理学部の予算不足のため、金を返してもらえないか」と説明されます。ほぼ全員が金を返すことに同意し、その後でアンケートに回答しました。

●残りの三分の一の被験者は、報酬を与えられた後に、ミスター・ボイドから直接、次のような説明を受けます。「心理学部は予算不足で、実験資金が足りず、私は自腹で金を用意していた。申し訳ないが、金を返してもらえないだろうか」。この場合も、ほぼ全員が金を返すことに同意し、その後でアンケートに回答しました。

各グループの被験者は、ミスター・ボイドにどのような印象を抱いたのでしょうか？

対照群の被験者（金を受け取ったグループ）の評価は、一二点満点で平均四・八点。アシスタントから心理学部の予算不足を説明され、金を返さなければならなかった被験者の評価は、対照群よりも低い平均四・〇点でした。しかし、ミスター・ボイドから直接頼まれて金を返した被験者の評価は、平均七・六点と三グループのなかでもっとも高かったのです。この実験は変数を変えて何度も実施されました。そして、本人から直接頼まれて金を返したことでミスター・ボイドに好意を抱くようになる効果は、金額と直接的な関係があることがわかりました。被験者は返した金の額が大きくなればなるほど、ミスター・ボイドに好意を抱くようになっていたのです。

つまり、嫌な印象を抱いている人の頼み事に応じることで、その相手への嫌な印象が薄れます。さらに、大きな頼み事に応じると、その相手が良い人のように思える効果が生じます。これも認知的不協和の作用です。与えるものが多くなればなるほど、相手への好意も増します。私たちは通常、嫌いな相手には何かを与えようとはしません。ですから、〝何かを与えているということは、自分はこの相手に好意を持っているのだ〟と考えるようになるのです。そう理解しなければ、辻褄《つじつま》が合わなくなります。

このことからもわかるように、**実は、助けを求めることで相手から良くない印象を持**

たれるかもしれないと心配する理由はほとんどありません。逆に、人から好意や褒め言葉、サポート、贈り物などを与えられそうになったときには、たとえそれが必要ではなかったり、プライドが邪魔したりしても、受け入れることを検討すべきです。なぜなら、相手は〝与えること〟を通じて、ますますあなたに好意を抱いてくれるようになるからです。

与えることがもたらす良い気分も過小評価されている

〝与えることと得ること〟を基準にして人間をタイプ分けした場合、「ギバー」（与える人）と呼ばれる人の割合はわずかしかいません。長年にわたりこのテーマを研究し続けてきたペンシルベニア大学ウォートン校教授アダム・グラントによれば、ギバーに相当するのは人口の約二割。ギバーは、他者を頻繁かつ寛大に助けます。自分が得るよりも多くを与えることを好んでいるようにすら思えます。グラントは他に、「マッチャー」（公平さを重視し、他者から得たものと同程度のものを与えようとする人たち）と、「テイカー」（その名の通り、与えることよりも得ることを重視する強欲な人たち）を定義しています。ギバーは、さまざまな業界で働く人たちのなかで（ソフトウェアエンジニアであれ、ベンチャーキャピタリストであれ、眼鏡メーカーのレンズクラフターズのセールスパーソンであれ）、もっとも成功する人たちでもあり、もっとも成功しない人たちでもあります。もっとも成功していないギバーは、他人を助けることに労力を注ぎすぎ、自分の目標のために十分な時間を費やせていないケースが多く当てはまります。

しかし、このような状態に陥らずにうまく自分の目標とのバランスを保てると、ギバーはその〝与える〟という性質から、とてつもなく大きなメリットを得ます。三つのタイプのなかで、もっとも豊かで深い人間関係を築き、多くの支援者がいて、周りの人に大きな影響を及ぼします。また、他人を打ち負かすのではなく、潮が満ちて全員が乗るボートが持ち上がるような状況をつくりだすことによって成功を手にします。その人生は豊かで充実感があり、意味と目的に満ちています。

私はギバーではありません。グラントの本に登場する並外れたギバーの物語を読みながら、「待って、これ本当なの？」といった反応を何度もしてしまいました。どれだけ身びいきをしてみても、私は自分がこのような人に感銘を与えるような驚くべき人間だとは思えません。このタイプではないとはっきりわかります。

それでも、私は人口の約八割に相当する、ギバー以外のその他大勢には含まれていません。それに、私たちが決して与えないというわけではありません。その他大勢である人口の八割は、〝与えるときもあり、与えないときもある人〟なのです。そして、私たちのように身勝手なところもある人間であっても、与えないときよりも与えるときのほうがはるかに幸せな気分を味わいます。にもかかわらず、私たちは助けを求めることに躊躇《ちゅうちょ》しているときに、この事実を忘れてしまいがちです。そこで、与えることがどんなふうに私たちの気分を良くするのかを、詳しく見ていくことにしましょう。

▼助けることは気分を高める

誰かを助けることで確実に得られるメリットは、良い気持ちになれることです。心理学は、私たちが世のため人のために何かをするときに、「温かい気持ち」になることを明らかにしてきました。炊き出しで食べ物を配る人や、動物保護施設で犬の世話をする人、都会で問題を抱えて苦しむ子供たちを指導する人たちの表情には、こうした温かさから生じる輝きが感じられます。しかし、誰かを助けるのに、必ずしも高貴な目的がいるわけではありません。私自身、大きなベビーカーを押している母親のためにドアを押さえておくとか、道を歩く見知らぬ人が手袋を落としたのを教えてあげるとか、そういった日常的（で簡単）な親切をするときに、温かい気持ちになるのを感じます。

単純な単語ゲームをプレイすることですら、それによって誰かが実際に利益を得るかもしれないと思うだけで、気分を高められます。被験者の大学生に、ある単語の同義語を四つの選択肢から選ぶという（いかにも退屈そうな）ゲームをさせた実験があります（フランク・マルテラとリチャード・ライアンが実施）。被験者の半分は、一問正解するごとに、国連世界食糧計画によって貧困国に米が寄付されると告げられます。つまり、「このゲームをプレイすることで、世界の貧困や社会全体に実際に貢献できる」ことが示されたのです。

興味がある人のために言えば、寄付の具体的な量は、正解一問につき米一〇粒。これは微々たる量に過ぎません。しかしそのことによって、実験結果はより顕著なものになりました。事前に寄付のことを知らされた実験群と、知らされなかった対照群のあいだには、ゲームの成績に違いはありませんでした。前述したように、正解した場合に寄付される米の量もごくわずかなものでした。にもかかわらず、自分たちが正解することで他者を助けられるということを意識しながらゲームをした被験者は、前向きな気分や活力、幸福感などが大幅に向上していたのです。

（ちなみに、このゲームは実在するものです。「Ｆｒｅｅｒｉｃｅ」［フリーライス］のウェブサイト［www.freerice.com］にアクセスすれば、誰でもプレイできます。二〇〇七年一〇月の開始以来、Ｆｒｅｅｒｉｃｅはこれまでに九五〇億粒以上の米を飢えに苦しむ人々に寄付してきました。世界食糧計画はこの米によって、何百万人もの貧しい人々に食糧を供給することができました）。

▼助けることには、ひどい気分を和らげる効果もある

私たちは時々、自分自身が元気になりたくて人を助けようとします。しかし、助けることで素晴らしい気分を味わいたいというよりも、悪い気分を和らげるために人を助けようとする場合もあります。心理学者ロバート・チャルディーニ（「ドア・イン・ザ・フェース」と「フット・イン・ザ・ドア」テクニックで知られる）は長いあいだ、ネガティブな心の状態を和らげることが、利他的な行動の大きな推進力であると主張してき

ました。それをよく物語るのが、第一六代アメリカ大統領エイブラハム・リンカーンの有名な逸話です。

その旅（イリノイ州の裁判所を巡る移動）の途中で、面白い事件が起こった。それは弁護士の良心を垣間見《かいまみ》せるものであった。馬車に乗っていたリンカーンは、一匹の豚が深い溝にはまり込んでいるのを見かけて心を痛めた。豚が自力で溝から脱出できないのは明らかだった。リンカーンは泥だらけの豚を見て、次に自分が身につけていた新品の服を見た。助けてやりたかったが、服が泥だらけになってしまうと思いとどまり、そのまま馬車から降りずに前進した。しかし可哀想な豚の姿が頭から離れず、ついに二マイル走った後で、新しい服を犠牲にしてでも、豚を救い出そうと決意した。引き返して現場に到着すると、馬をつなぎ、冷静に作戦を練り、古いレールをはしご代わりにして溝の底に降り、豚をつかんで地上に引きずり出した。服もそれほど汚れなかった。手を小川で洗い、草で拭くと、再び荷物を馬車に載せて出発した。しばらくして、なぜ豚を助けようとしたのかが気になった。最初は、純粋に豚が可哀想だと感じたからだと思えた。しかし結局、それは自分自身のためだという結論に達した。

豚を助けることで（後にこの出来事を話したときに友人に述べたように）、〝自分の心の苦しさを和らげようとしていた〟のだ。

当然ながら、自分の苦しみを軽減させることは、私たちが誰かに助けを求めるための強い動機になります。しかし私たちは自分が思っている以上に、自分自身がとらわれている苦しみから逃れるためにも誰かを助けようとしています。たとえばある実験（チャルディーニら）によれば、無害な個人が被害を受けているのを目撃して気分を悪くした被験者は、中立的な気分の人よりも、他者を助けようという動機を高めます。しかし贈り物を与えられて気分を良くした場合は、他者を助けようとする動機が大幅に弱まりました。

もちろん、だからといって私たちが「ひどく落ち込んでいるから、赤十字社に寄付して気分を上げよう」というふうに、このことをはっきりと意識しているわけではありません。とはいえ人は無意識のレベルで、誰かを助ければ自分の気分が良くなることを理解しています。また研究によれば、私たちは自分の気分を高められないと判断すると、積極的に誰かを助けようとはしなくなります。

そのことを明らかにした巧妙な実験があります（チャルディーニ、グロリア・マニュシア、ドナルド・バウマンら）。被験者は、速効性の記憶薬「Mnemoxine」（実は偽薬で、無害なもの）を服用します。被験者の半分は、この薬には「服用時の気分がその後三〇分間持続する」という珍しい副作用があるという嘘の説明を受けます。たとえば、もしこの薬を飲んだときに幸せな気分だったとしたら、その後三〇分は何があってもその気分が続くというものです。

被験者は薬を服用した直後、「悲しい思い出」または「幸せな思い出」のどちらかを思い出すように指示されます。最後に、それから五分から一〇分後、実験室を去ろうとしているときに、献血活動をしているふうを装った実験者から、一般家庭への献血を呼びかける勧誘の電話（最大で一〇本）をしてくれないかと頼まれます。

「誰かを助けることは気分を改善する」という考えを裏付けるかのように、薬の服用時に思い出したのが悲しい記憶だった被験者は、楽しい記憶を思い出した被験者よりも献血活動に協力的でした（多くの本数の電話をかけた）。しかしそれは、そうすることで良い気分になれると信じていた（偽薬の副作用を説明されていなかった）被験者のみに当てはまることでした。つまり、薬の副作用で「悲しい気分があと二〇分から二五分は続く」と信じ込まされていた被験者は、幸せな気分が続くと信じ込まされていた被験者よりも、人助けをしようとしなかったのです。

これは、〝強い抑うつに悩まされている人が、その気分を和げるためにユニセフ募金の戸別訪問をしない理由〟を説明するものです。抑うつは、単なる悲しみとは対照的に、〝この気分の落ち込みが永遠に続く〟という（事実とは異なる）感覚があることが特徴です。今味わっている気分は変えられないと考えていると、人は誰かを積極的に助けようとはしなくなります。

また、**誰かを助けることは、悲しみだけではなく、〝罪悪感〟に対しても解毒剤として作用します。**心理学は、緊張、後悔、不安などで特徴付けられる罪悪感に、人間関係の絆を保ち、強める作用があると考えます。私たちは罪悪感を味わいたくないために、約束を守り、責任を担い、母親に定期的に電話をしようとするのです。他者に害を及ぼす何かをしたとき、私たちは罪悪感を覚えることで、その害を修復しようとします。そうしなければ、集団から追い出されてしまうという不安に襲われるからです。

それでも何らかの理由で罪悪感を覚えたときには、〝私は、本当はそのような卑劣な人間ではない〟と自分自身を説得するために、誰かを助けることがとても効果的な方法になるのです。

▼人を助けるほどに、人生の満足度が上がる

「多く与えるほど、人生は充実する」と聞かされても、驚く人は少ないはずです（クリスマス映画の名作『素晴らしき哉《かな》、人生！』も、そのことを雄弁に物語っています）。たとえば、慈善活動やボランティア活動に従事している人は、人生の満足度や健康状態、自尊心が高いことがわかっています。こうした活動をすることで、実際に気分が良くなり、外見もはつらつとし、自分のことが好きになるのです。前述したように、誰かを助けるのに、高尚な目的は不要です。道を尋ねてきた人に目的地への行き方を説明したり、列に並ぶときに隣の人に前を譲ったりといった些細なことでも幸福感は高まります。ただし、生活の質を大幅に向上させたいのなら、おすすめの方法があります。それは、**他者のためにお金を使うこと**です。

よく言われているように、お金で幸せは買えません。人は基本的なニーズを満たせる

お金を手にすると、それ以上の富が増えても幸福度はわずかしか上がらないことがわかっています。しかし「それはお金の使い方が正しくないからだ」と心理学者のエリザベス・ダンは主張します。意義のある使い方をすれば、お金で幸福は高められるというのです。ここでの〝意義のある使い方〟とは、〝自分以外の誰かのために使うこと〟を指しています。

たとえば、無作為抽出したアメリカ人六〇〇人以上を対象にして月収、幸福度レベル、毎月の個人用支出（生活費、自分用の買い物）と他者用支出（贈り物や慈善団体への寄付）などの関係を調べたダン、ララ・アクニム、マイケル・ノートンによる調査では、個人用支出は幸福度とはまったく無関係でしたが、他者用支出には幸福度との相関が見出されました。

ダンらは別の調査で、会社からボーナスを受け取った従業員一六人を追跡調査しました。このケースでも、ボーナスを他者のために多く費やした従業員が、その後の六〜八週間での幸福度が高かったことがわかりました。ここで重要なのは、幸福度と深く結びついているのは、ボーナスの額よりも、その使い道だったということです。

さらに別の調査では、被験者に五ドルまたは二〇ドルを渡し、「自分の物を買う」「人への贈り物を買う」「慈善事業に寄付する」のいずれかを選ぶように指示しました。ここでも、**自分のためではなく他者のためにお金を使った人たちのほうが幸福度が高く、金額の多寡は幸福度に影響していませんでした。**

この章でこうした研究結果を紹介してきたのは、ギバー（与える人）になることを勧めたいからではありません。たしかに、他人を助け、支えるほどに自分にとっても良いことが起こるのは、研究が明らかにしています。しかし、私がそのことを説明したのは、読者のみなさんに、助けを求めることに対してもっと安心してほしかったからです。第1章と第2章では、一般的に考えられている以上に人は誰かを助けたがっていること、しかも質の高い方法で助けようとすること、助けることでその相手を好きになる（嫌いになるのではなく）ことを学びました。

誰かに助けを求めることは、その相手に長期的なメリットを享受する機会を与えることでもあるのです。助けを求めないことは、むしろ利己的な行動だとすら言えるかもしれません。人生において、幸福感を高めるためのもっとも信頼できる機会を、相手から奪うことになるからです。

これで、誰かを助けることが、助ける側にもたらすメリットについて理解できたと思います。

それでは、次の挑戦に目を向けましょう。それは、どうすれば相手に自分を助けさせ、そのことによってメリットを得てもらえるかについての、具体的な方法を学ぶことです。

第3章のまとめ

●誰かに助けられると、複雑な感情が生じることがある。結果として、助けを求めることで、相手に良くない印象を持たれたり、能力がない人間だと見られたりしないかと躊躇してしまいがちになる。だが研究によれば、人は、助けた相手にそれまでよりも強い好意を抱くようになることがわかっている。

●助けることは、助けた側にさまざまなメリットをもたらす。気分が高揚し、温かい気持ちになり、世の中を良い場所だと思えるようになる。

●誰かの助けを求めようとするときに、必要以上の気まずさを覚えるべきではない。頼み事をするときには、不安な気持ちでいっぱいになるものだ。適切な方法をとれば、それは頼まれた側にとって、自分自身や依頼者に対してとても良い感情を抱く機会になる。

第2部

良い頼み方、ダメな頼み方

第4章
〝助けを求めること〟が抱える矛盾

一年ほど前、私は大学院時代の友人のために、複雑で骨の折れるＩＫＥＡの本棚の組み立て作業をしていました。数年前に私にこの種の作業の才能があることに気づいた彼女は、この類いの家具の組み立てが必要になると、いつも頼んでくるようになったのです（正直なところ、私は特に手先が器用なわけではありません。なぜかはわかりませんが、素っ気ない方法で記述された説明書を解読する才能があるようなのです）。

本棚を組み立てるのは、ほとんどの人にとって〝友達を助けて自分が楽しいと感じることランキング〟のなかでは、かなり低い順位に位置するものかもしれません。おそらく、新しいアパートへの引っ越しを手伝うことよりはずいぶんとマシですが、友達の不在中に植物の水やりをすることに比べれば面倒です。私も同じ考えです。それでも、彼女から電話で本棚の組み立てを頼まれたときは、喜んで引き受けました。彼女の家に車で向かいながら、早く手を貸したくてワクワクしていたくらいです。

数時間後（棚の扱いを誤ったり、電動工具を足に落としたりしていくつも痣《あざ》をつくりながら）、私たちは肩を並べて立ち、完成した壮大な本棚を誇らしげに眺めていました。友人が私の方を向いて言いました。「ハイディ、ありがとう。あなたはいつも親切で寛大なのね」。それは本心からの言葉でした。

嬉しくはありましたが、私は直感的に、（そんなことないわ）と思っていました。

そう、私は常に親切で寛大なわけではありません。むしろ、それとはほど遠い人間です。実際、他ならぬその日の朝も、私は親切でも寛大でもない、自分勝手な行動をいくつもとったところでした。

まず、科学雑誌に掲載するための論文レビューの依頼を断りました。その論文のテーマは自分にとっては退屈に思えるものでしたし、そのために時間をとられたくもなかったからです。科学の世界では論文レビューは誰かがしなければならない仕事であることはわかっていましたし、仮にレビューをしていたとしても、友人の家での本棚の組み立て同じくらいの時間しかかからなかったはずなのに、です（そっちのほうがよっぽど身体も楽だったでしょう）。

それから、小学四年生になる娘のクラスから送られてきた、放課後のアイスクリームパーティーを手伝ってほしいという保護者向けの依頼メールも無視しました。私は自分自身にこう言い聞かせました（この係は去年担当したばかりだから、これから数年間はお役御免でいても許されるはずだ）。なにより小学四年生にアイスクリームを用意するのは、苦労が多い割には報われない仕事です。

最後に、重い腰を上げて洗濯しました。生きていくためには、洗濯をしなければならないのはわかっています。それでも、私は家事のなかで、これ以上ないくらいに洗濯が苦手なのです。長くて大きなため息をつき、やれやれといった表情で（自分でもびっくりするくらい激しく）目をぐるりと回し、「よし、やろう。でも洗濯物は畳まない」と独り言をつぶやいてからようやく着手しました。

この本の第1部では、誰かに助けを求めることは、たしかに多少なりとも気まずいものではあるにせよ、過度に躊躇すべきではないと説明しました。しかし、ここで違った角度から説明をしておかなければならないことがあります。そう、助けを求めることには、少しばかり厄介な側面もあるのです。もしそうでなければ、あなたはきっとこの本を手にとっていないはずです。この章でこれから見ていくように、人は生まれながらにして誰かを助けたがっているのと同時に、助けることを強いられるのをとても嫌がります。強いられていると思わせずに誰かに助けを求めるには、いったいどうすればいいのでしょうか？

頼み事への四種類の反応

みなさんはきっと、毎日のようにメールで知り合いに頼み事をしているはずです。プロジェクトのアドバイスをしてほしい、調べ物を手伝ってほしい、同僚を紹介したり、推薦したりしてほしい――などです。メールを受け取った相手は、多かれ少なかれ、次の四つのうちのいずれかの反応をします。

▼反応1――拒否

「申し訳ありませんが、力にはなれません」という、はっきりとした拒否です。私が学術誌の論文レビューの依頼を断ったケースもこれです。私たちは誰かに頼み事をするとこの反応をされるのではないかと思いがちですが、第2章で見たように、これは実際にはまれな反応です。何かを頼まれたときに、はっきりと拒絶するのは難しいのです。メルヴィルの小説『バートルビー』の主人公バートルビーなら、職場の法律事務所で何を頼まれても「したくありません」とにべもなく答えるかもしれませんが、ほとんどの人にとってはそうはいきません。これは確率としては低くても、あり得る反応だと言えます。

▼反応2――沈黙

拒否よりも一般的なのは、私が娘の学校からアイスクリームパーティーの手伝いを頼まれたときのように、単に依頼に反応しないことです。依頼メールが受信箱の奥に沈み込むのを待ち、いざとなれば「うっかり返事を忘れていた」「メールを見逃していた」といったふりをします（私自身、驚くほど頻繁にこの手を使っています）。この「沈黙」の利点は、依頼された側が「ノー」と答える際の不快感を味わわなくてもすむことです。欠点は、もちろん依頼した側が宙ぶらりんの状態に置かれ、じれったく、不安な気持ちにさせられてしまうことです。そして、拒否の場合と結果は同じです。結局、依頼された人は依頼者を助けようとはしません。

「反応1」と「反応2」ではどちらも、受け手は「私はひどい人間だ」という落ち込みは感じないにしても、若干の気まずさを覚えるでしょう。

▼反応3――消極的な承諾

「しょうがない。この依頼には答えなければならないだろうな……いつか対処しよう」という、リクエストをどうしても避けられないときによくとられる反応です。「反応3」では、助ける労力を最小限に抑えつつ、依頼者を助けなかったという罪悪感を免れることができます。デメリットは、助ける側が喜びや自己肯定感を得にくいことです。せいぜい、その依頼を「やることリスト」から消したときに、ほっとする程度でしょう。

▼反応4——積極的な承諾

依頼をする側にとってもされる側にとっても最善の反応です。私たちはみんな、誰かを助けられることを心から喜び、誰かの役に立ちたいという意欲に満ちているときに、どれほど素晴らしい気持ちになるかを知っています。そんなときは、求められている以上のことをしたくなり、あれこれと提案したりします。「ジョンを紹介してほしい？もちろんさ！　スーザンやアレックスも紹介しようか？　他には？　留守中に植物の水やりをしてくれる人を探していない？」

「反応4」をとるとき、人は最善を尽くそうとするだけでなく、最高の気分を味わいます。過去数十年にわたる研究も、この反応が幸福感や充実感の増加をもたらすことを実証してきました。自己肯定感も高まります。そしてもちろん、助けた人との人間関係も深まります。

しかし、「反応4」の積極的な承諾が起こるのはまれです。それほど素晴らしいのなら、なぜ人はいつもこの反応をとらないのでしょうか？

人間がそれぞれ異なる反応をとる理由として、「個人差」に注目する心理学者もいます。パーソナリティーの違いによって、とる行動は変わるという考えです。第3章で述べたアダム・グラントのギバー（与える人）とテイカー（得る人）の分析もこの範疇《はんちゅう》に入ります。ギバーは助けることが好き（あるいは助けないことで生じる苦しみを嫌う）なので、たいていの場合は頼み事を積極的に承諾します。ときには相手を助けるために、一定の期間は自分のことを後回しにしようとすらします。しかし、ギバーは全人口のわずか二割しかいません。

そして（お気づきかもしれませんが）、人間の行動は常に一貫しているわけでも、予測できるわけでもありません。私たちの多くは、与えるときもあれば、与えないときもあるのです。では、その違いの原因は？　なぜ私たちは、あるときは他者に与えようとし、あるときは与えようとしないのでしょうか？

私たち社会心理学者は、行動をパーソナリティーの観点からではなく（パーソナリティーが重要な概念であることはたしかなのですが）、文脈や状況が生じさせる「力」（フォース）の観点から説明しようとします。**人が助けを求められたとき、しぶしぶ手を貸したり、まったく助けようとしなかったりするのではなく、親身になって誰かを助けようとするのはどんな場合なのか？**　それぞれの反応を動機付けているものは何であり、人が親切で積極的に誰かを助けようとする行動を一度だけではなく繰り返しとるようにするには、どのような種類の報酬や動機付けが必要になるのか？

世の中で何かを成し遂げたいのなら、これらの質問に対する答えを理解することはとても重要です。なぜなら、自分の力だけで成功できる人はいないからです。もちろん、誰でも仕事上の責任があるため、周りからの依頼に対してまったく非協力的であり続けるということはできません。しかし、毎日の仕事の優先順位や、それぞれの仕事にどれだけの労力を注ぐかについては選択肢を持っています。同僚はあなたに協力しなければならない、と考えるかもしれません（あなたに借りがあるので、依頼に対して消極的承諾をしなければならないと考えている）。しかし熱心に助けてくれようとしているとは限りません。**重要なのは、こちらが頼み事をしたときに、相手に積極的に助けてもらえるかどうかです。そして驚くべきことに、その答えは私たちが考えている以上に、私た**

ち自身のコントロール下にあるのです。

実は、ＩＫＥＡの本棚のエピソードには、この第2部でこれから何度も説明する重要な要素の具体例が含まれていました。「私はなぜかこの類いの作業が得意だ」「助けを求めてきた人は、私の人生のなかで重要な時期を一緒に過ごした古い友人である」「彼女はいつも特別な感謝の言葉を表現してくれる」「私は自分が捧げた労力の結果を、彼女と同じ立場で見ることができる」――これらの要素は、私が最大限の助けを誰かに与えようとするためのやる気を高めるのに必要なものでした。そしてこれらは、その日の朝に私が断ったいくつもの依頼には欠けていたのです。

〝助けなければならない〟のか〝助けたい〟のか

心理学は、人が誰かを助ける（向社会的行動）ときの背後にあるさまざまな動機に注目してきました。長年、大勢が研究を続けてきたために、動機の源が何であるか、またはそれらをどう呼ぶべきかについては心理学者のあいだでも意見が分かれています。ただし突き詰めると、これらの動機は二つに大別できます。〝助けなければならない〟と

〝助けたい〟です。

▼〝自発的であること〟がカギ

人間には心理的な欲求があります。それは間違いありません。しかし、どれだけの種類の欲求があり、それらが何であるかは、いまだに心理学者のあいだで議論の的になっています（実際のところ、私たちはあらゆることについて議論しています）。とはいえ、ほとんどの心理学者がその存在を認める欲求もあります。それは、自律性です（第1章では、自律性が社会的脅威の五つのカテゴリーのうちの一つで、私たちの脳内の痛みを司る部分を活性化させると説明しました。自律性を奪われたと感じるとき、私たちは実際に身体的な痛みを感じるのです）。

自律性とは選択とコントロールです。すなわち、自分で自分の目標や活動、経験を選ぶことです。自分がとっている行動が、自分自身であること（価値観や好み）を裏付けているような感覚を得ることです。アメリカには、この概念を表す、「自分の船の船長になる」「自分で航路を決める」といった一般的な慣用句がいくつもあります。現代的な表現にも、「自分の好きなようにしろ」（you do you）などがあります。

誰かに強いられたからではなく、自ら進んで何かをすることを、心理学では「内発的に動機付けされた行動」と呼びます。過去三、四〇年間の研究は、誇張ではなく、この内発的動機付けが、あらゆる動機のなかで最高のものであることをはっきりと示してきました。内発的に動機付けされていると、たとえそれが難しいものであっても、私たちは自分のしていることに強い関心を持ち、大きな喜びを感じます。思考は創造的になり、新しい知識を吸収し、厳しい状況に追い込まれても踏ん張ろうとします。内発的動機付けは、大きな改善、優れたパフォーマンス、深い満足感をもたらすのです。

▼内発的動機付けの驚くべき効果

たとえば、「この体育教師は、私が好きな運動ができるように選択肢を与えてくれている」という感覚を持っている中学生は、自由時間にも多く運動をするようになります。減量プログラムに取り組む人たちは、自分の行動を選べるという感覚が持てると、体重を減らしやすくなります（糖尿病管理、禁煙、アルコール依存症治療、薬物依存症治療などのプログラムでも同様です）。自律性を尊重する教師に指導されている学生は成績が上がり、創造性が高まり、意欲的で、中退率が下がります。自分の意思で熱心に信仰を実践している人は、義務感で教会に行き戒律に従っている人よりも、幸福度や人生への満足度が大幅に高まります。老人ホームの入居者は、一日の行動や部屋のレイアウトを自分の好きなようにできると長生きします。

それだけではありません。**内発的動機付けには、心理学者がかつては不可能だと考えていたことを実現する、魔法のような力があります。**何百マイルも走ってもガソリンが減らず、逆に増えるようになるという機能を車のエンジンに取り付けられるとしたら、素晴らしいと思いませんか？　そう、内発的動機付けは、あなたの心のエンジンにこれと同じような作用をもたします。内発的に動機付けされていると、神経を使うような作業をした後でも、疲れるのではなく、むしろ元気になったような感覚が得られることがあるのです。

被験者に多くの労力が必要な作業をさせ、その次に「難しいが、興味深い作業」または「簡単だが、退屈で誰もやりたがらない作業」のどちらかを行わせた、コロラド州立大学の心理学者による実験があります。その結果、興味深い作業をした被験者のほうが

（疲れていて、作業の難度も高かったにもかかわらず）、退屈な作業をした被験者よりも熱心に取り組み、良いパフォーマンスを上げました。つまり、内発的な動機付けを得ていたためにエネルギーが回復し、良いパフォーマンスを出しやすい状態になっていたのです。

同研究チームは別の実験で、内発的動機付けを体験することで、その後の作業のパフォーマンスも上がることを明らかにしました。作業Aに対して内発的動機付けを覚えると、その作業だけではなく、その次の作業Bでも良い仕事をしやすくなるのです。内発的動機付けで補充されたエネルギーを、次の作業に向けることができるからです。

（ちなみに、これらの実験ではどちらも、「内発的動機付け」と「良い気分」の効果を比較しています。良い気分にもエネルギーを高める効果がありましたが、その作業に興味を持ち、熱中するという内発的動機付けには、さらに多くのエネルギーを高める効果があることがわかりました）。

▼内発的動機付けが奪われるとき

一方、コントロールされているという感覚は、何かをすることの有効性や満足度を大幅に低下させます。持ち得たかもしれない内発的動機は台無しになり、早くそれを終わらせようというなげやりな気持ちが湧き上がってきます。もちろん、誰かに仕事を細かく管理されるのを好む人などいません。しかし、ごく些細なコントロールでも、驚くほど強力（かつマイナスの）な影響が生じ得るのです。

内在的動機付けの研究者マーク・レッパーは、〝コントロールされている〟という感覚がもたらす効果を調べるために、考え得るもっとも内発的に動機付けされた行動を研究対象にしました。それは、〝サインペンで絵を描く四歳児〟です。大人には、子供たちをサインペンでお絵かきをするように仕向ける必要などありません。罰を与えなくても、報酬で誘惑しなくても、子供たちは勝手にお絵かき遊びをします。心の底からサインペンで絵を描きたいと思っているからです。では、もしそれをコントロールしようとしたら、子供たちの自然な欲求はどうなってしまうのでしょうか？

▼〝コントロールされている〟と思わせてはいけない

レッパーは一部の子供たちに、サインペンで上手に絵を描いた人には、「優秀賞」のグッズをあげると告げます。その子供たちは、賞をあげると言われなかった子供たちに比べて、それまでよりも熱心に、長時間絵を描くようになりました。これは素晴らしいことのように思えます。賞によって、子供たちの意欲が高まったのです。でも、実際はそうではありませんでした。レッパーは子供たちに一度だけ賞を与えました。その後、新しい賞がもらえないことに気づいた子供たちは、お絵かきをいっさい止めてしまったのです。サインペンを使って遊ぶという内発的な動機は、報酬によって壊されてしまいました。子供たちにとって、サインペンは見返りに何かが手に入るときにしか使わないものになってしまったのです。一方、賞とは無関係に遊んでいた子供たちにとって、サインペンは楽しい遊び道具のままです。この子供たちは、以前と同じように絵を描き続けました。

〝コントロールされている〟と感じさせるものは、報酬だけではありません。脅威や監

視、期限、プレッシャーなども同じ効果をもたらします。これらによって、私たちは自分の意思で自由にその行動をしているように感じにくくなるからです。

ここで、再び人に助けを求めることについての重要な問題を考えてみましょう。

「相手が〝助けなければならない〟と感じるとき、助けてもらえる確率やその質はどうなるか？」

「〝助けること〟がコントロールされたとき、何が起こる？」

もちろん、それはいいものではありません。

意図せずに〝助けることを強いられている〟と相手に思わせてしまうとき

なぜ、人は助けを求められたときに〝コントロールされている〟と感じることがあるのでしょう？　まず、頼み事を断ると、人は強い心理的抵抗を覚えます（第2章のバネッサ・ボーンズの研究）。私たちは、心のどこかで〝善良な人間は他人に親切である〟という考えを持っています。そのため、頼み事を断ると、自分が善良な人間ではないような感覚に悩まされてしまうのです。それに、困っている人の頼みを断ると、気まずい気分になります。助けられないことを謝っても、その正当な理由を説明しても、その気まずさは簡単には消せず、その場から足早に去るくらいのことしかできません。

それに、人は頼み事に「ノー」と言う自分を想像したときに、不快な気分になることもわかっています。それは一種の罰のようなものです。そして、その罰を避けるために、相手の要求に屈しようとするのです。

これはまさにジレンマです。頼み事をされたとき、「イエス」と言えば、コントロールされているように感じます。かといって「ノー」と言えば、冷たい人間になったように感じてしまうのです。どっちに転んでも、いいことはありません。

これから説明するように、相手に〝助けることを強いられている〟という感覚をさらに強く感じさせるような状況は他にもあります。

▼〝ちょっとお願いできますか？〟で協力確率は大幅アップ

朝、あなたは会社に向かうために、ニューヨーク市でも指折りの通勤時の混雑駅、ペンシルベニア駅を歩いています。一人の大学生が、クリップボードを手に持って近づいてきます（もしこのとき、この学生がボーンズの研究室から来たことを知っていたら、おそらくあなたは第六感を働かせて、その場から逃げ去るでしょう）。

「アンケートに記入していただけませんか？」と学生は尋ねます。

では、学生が最初に「ちょっとお願いがあるのですが」と尋ね、あなたの反応を待ち（たとえば、あなたはたいていの人がそう答えるように「いいですよ。何でしょう？」と言ったとします）、その後で、「アンケートに記入していただけませんか？」と尋ねてきたとしたら、あなたの答えは変わると思いますか？

「この二つの方法にはたいした違いはない。自分ならどちらの場合も同じように、〝ノー〟と答えるだろう」と思ったかもしれません。もしそうなら、それは間違っています。この実験では、二番目の方法（本題に入る前に、協力してくれるかどうかを尋ねる）での通勤者のアンケート記入への協力率は八四パーセントでしたが、一番目の方法（いきなり本題を頼む）ではわずか五七パーセントでした（それでも、これはかなりの数字だと思います。人間は、基本的に親切なのです）。

この実験を実施したボーンズと研究共著者のフランク・フリンによると、事前に〝**お願いしたいことがある**〟**と尋ねてから頼み事をすると、相手が協力する確率は大幅に高**

まります。なぜなら、約束をすることで、「ノー」と言うことへの抵抗が強まるからです。善良な人間は親切であるべきだという考えに加えて、目の前の相手に協力すると言ったばかりなので、その言葉を守ろうとする心理も働きます。この時点で、かなり頼み事を断りにくい状況がつくられているのです。

「これはいいことを聞いたぞ。これから人に何かを頼むときは、〝ちょっとお願いを聞いてくれる?〟と言ってからにしよう」と思った人もいるかもしれません。しかし、この方法には注意も必要です。なぜなら、大きなデメリットもあるからです。実験者は、アンケートに記入したニューヨーク市の通勤者に、もしこの行為の代償としてお金を請求するとしたら、いくらほしいか?と尋ねました。すると、事前に「お願いがある」と聞かされていたほうの通勤者は、いきなりアンケートの記入を求められた通勤者の倍以上の額を要求したのです。彼らは、罠に嵌られてしまったように感じていて、そのことに腹を立てていました。そしてそのぶん、体験した苦痛を大きな額の金で補償してもらいたいと望んだのです。

つまり、こうした人間心理への影響力を用いたアプローチは諸刃の剣《つるぎ》です。短期的には欲しいものが手に入るかもしれませんが、長期的に見れば、あなたに貸しがあるかのように思っている誰かを世の中に存在させることになってしまいます。つまり皮肉にも、それはあなたに〝コントロールされている〟という感覚を与えるものになってしまうかもしれないのです。

▼〝あなたに借りがある〟と思うと返したくなる

「返報性」（人は自分が得たのと同じものを与え、与えたのと同じものを得るべきだという考え）は、人間心理に強い影響を及ぼしています。それを示すように、私たちはこの概念を表す慣用句を日常的に用いています。

- 目には目を
- 人には、自分がしてもらいたいことをしなさい（黄金律）
- お互い様
- 自業自得

返報性ほど、世界のあらゆる文化に深く根付いている規範（集団や社会が明示的または暗黙的に従う行動原理）もありません。すなわち、私たちは自分が得たのと同等のものを与えるべき（逆も然り）だと考え、それに基づいて行動しています。

返報性は、私たちが誰かに良いことをされたときに生じる、「感謝の気持ち」と「義理や借りの感覚」という二つの心理に影響されます。後者のほうが、誰かを助けたくなる動機をはるかに大きく高めるだろうと思うかもしれません。しかし、私たちは感謝の気持ちを抱いているときにも、人のために何かをしたくなります。たとえ、その相手から何もしてもらっていなくても、です。たとえばある研究によれば、誰かに良いことをされて感謝したとき、私たちはその相手に対してだけではなく、見ず知らずの困っている人をも助けたくなります（しかし、その効果は約三〇分後に消えました。みなさんも経験的に理解しているかもしれませんが、感謝の気持ちはあまり長続きしないのです）。

フランク・フリンは、返報性を「個人的」「関係的」「集団的」の三種類に分類しています。**個人的返報性は、取り決めによる交換です（いわゆる〝バーター〟です）。「背中をかいてくれたお礼に、私もあなたの背中をかくよ」という発想です。**同僚と勤務シフトを交換する、ルームメイトが順番に皿洗いをする、などもこれに相当します。通常、個人的返報性では取り決めた以上のことはしようとはせず、相手に対して特別な感謝も感じません。義理や貸しの感覚は、自分の番を担当し終えると消えます。個人的返報性は、つまりはビジネスです。

関係的返報性は、親密な関係にある相手（友人や恋人、配偶者、家族など）とのあいだに生じます。この返報性では通常、お互いが何をするかについての明確な取り決めはなく、自分が困ったときにも助けてもらえるはずだという前提で相手を助けます。どちらにいくつ貸しがあるかを記録したりもしません（もちろん、一方が助けられてばかりで見返りを与えないと、相手はそれに勘づき、関係は悪化します）。感謝と義理の両方が生じますが、それはその相手とのあいだに限られます。

集団的返報性は、内集団での一般的な助け合いです。私たちは、同じ集団に所属する人や、何らかの共通点がある人を助けようとします。人種や国籍、信仰する宗教が同じ、といった大きなくくりの場合もあれば、会社の同じ部門の人、ＰＴＡのメンバー同士、ボウリングで一緒のチームでプレイする人など、狭いくくりの場合もあります。

集団的返報性では、関係的返報性と同じく、私たちはすぐに見返りが得られることは前提にせずに人を助けようとします。また、必ずしも助けた相手から見返りがあることも期待しません。誰かを助けることは、巡り巡って自分もまた誰かに助けられることになるのだという漠然とした（暗黙的な）考えに基づいているからです。

それでも、関係的・集団的な返報性にも「コントロールされている感覚」はわずかながらあります。それは「友人の不在中、代わりに植物に水をあげなくてはならない」「パートナーを空港まで車で送らなければならない」といった義務感から生じるものだとも言えます。私も、自分の好きな「ワンダーウーマン」のコスプレをしている人の車が道路脇で故障して停車しているのを見て、「これは助けてあげなければ」、と思わず手を貸したことがあります（ちなみに、彼女のワンダーウーマンのコスチュームは素敵でした。私は縄で捕らえた相手に真実を告白させる魔力があるワンダーウーマンの武器、「真実の投げ縄」が大好きです）。

▼返報性がカギを握る

返報性の三タイプのうち、どれが一般的なのでしょう？　通常、二人の間柄が親密であればあるほど、交換条件をはっきりと定めた個人的返報性（相手をどれくらい信頼できるかがわからないときの安全な助け合いの方法）から、深い愛情やチームとしての絆に基づく関係的／集団的返報性へと移行していきます。

当然、この点で二人の認識にずれがあるとコミュニケーションに齟齬《そご》が生じることがあります。たとえば、二人のあいだの助け合いを、一人が「個人的」、もう一人が「関係的」なものだと見なしていると、誤解が起こりやすくなります。私も友人から、「休暇旅行中に、猫の面倒を見てほしい」と頼まれて喜んで引き受けたところ、直後に「お礼に一〇〇ドルを払うから」と言われて、微妙な気持ちを味わったことをよく覚えています。彼女のために何かをすることに私がその代償を求めていると思われてしまったのが心外で、少しばかり侮辱されたような気分にもなりました。私は、その友人とは、もうそのような他人行儀な関係ではなくなっていると思っていたからです。結局、猫の世話はしましたが、あまり楽しい気持ちにはなれませんでした。

これが、意図せずに相手に〝助けなければならないという義務感〟を与えてしまうことの弊害です。熱意や善意にかられて進んで誰かを助けるとき、私たちはさまざまな恩恵を得ます。しかし、義務感からしかたなく相手を助けたときには、こうした恩恵は得られないのです。義務感を察知した相手は、あなたの頼みを避ける（または無視する）

こともあります。

このように、私たちは人から助けを求められたとき、コントロールされていると感じると、それを避けようとします。誰もが、そのような体験を一度はしたことがあるはずです。私もお金がなかった大学院時代、救世軍のサンタや、家々の扉を叩いてお菓子を売り歩く子供たちを避けたことがあります。道を歩いていて、少し先に慈善活動らしきことをしている人がいるのを見て、通りを横切って反対側の歩道に移動したこともあります。今でも、ショップで品定めをしているときに親切そうな店員が近づいてきたら、何かを買わされてしまうのが嫌で遠ざけてしまいます。

しかし、だからといってあなたが悪い人だというわけではありません。これが、人間なのです。ある実験では、まず被験者に〝感謝祭の計画に関する質問に答えれば、報酬を支払う〟と告げます。次に、半分の被験者に〝質問に答えた後、報酬を受け取るか、小児病院に寄付するかのどちらかを選択してもらう〟と告げます。後者の指示を与えられたグループでは、実験への参加率が一〇パーセント以上低下しました。つまり、お金を手にして罪悪感にかられるか、寄付はするがコントロールされていると感じるかという選択を迫られたとき、その状況そのものを避ける人もいるのです。

第４章のまとめ

●私たちは誰かに助けを求めるとき、厄介な問題に直面する。研究によって、人を助けることで、さまざまな心理的メリットが得られることがわかっている（とても良い気分になれる）。だが、助けるのを〝強いられている〟と感じると、そのメリットは消えてしまう。

●本題に入る前に、「ちょっとお願いできますか？」と尋ねる、などのアプローチによって、助けてもらえる確率は上げられる。だが、そこにはデメリットもある。罠に嵌められたように感じるので、親身になって相手を助けようとはしなくなるのだ。

●この問題を解くカギは、「返報性」にあるように思える。すなわち、〝私はあなたを助けるから、あなたも私を助けて〟という持ちつ持たれつの関係で、全員が気持ち良く助け合える。だが、誰かに助けられるときですら、コントロールされていると いう感覚は生じ得る。相手に貸しをつくってしまったと感じることがあるからだ。

第5章

必要な助けを得るための四つのステップ

朝、会社に向かうあなたが道を歩いていると、老人がベンチに座っています。膝の上に新聞を開いたまま、眠っているように見えます。一ブロック先の駐車中の車のなかでは、若い女性がエンジンをかけようとしてうまくいかずに苦戦しているようです。そのすぐ近くには、珍しい形のリュックを背負い、首からカメラをぶらさげた中年女性が、手にした地図と番地や道路標識に交互に視線を移しては、きょろきょろと辺りを見渡しています。

職場に着くと、ファイルがいっぱい入った箱を脇に抱えた同僚が、もう一方の手に持ったコーヒーをこぼさないようにバランスを取りながらデスクに向かっていきます。別の同僚は、座ったままあなたの方を向いて簡単に挨拶《あいさつ》すると、すぐにまたコンピューターの画面をにらみ、作業中のスプレッドシートの内容を理解しようとしてボソボソと独り言をつぶやいています。携帯電話の留守番電話には、仕事後に飲みにいかないかという友人からのメッセージが入っています。声の調子からして、何か相談したいことがありそうな雰囲気です。しかし、あなたは明日までに提出しなければならない報告書があるので、別の日にしてくれとだけ書いてメールを送ります。

このなかには、実際はあなたの助けを求めていた人も、求めていなかった人もいました。もし、現実の世界でこれとまったく同じ状況に置かれたとしたら、あなたは誰が助けを求めていて、いないのかを、区別できると思いますか？

おそらく、区別はできないはずです。誰が助けを必要としているかどうかを認識するのは、とても難しいものです。この冒頭の状況と同じような出来事には、誰もが数え切れないほど遭遇しているはずです。その大半については、はっきりとは意識していませんが、無意識では気づいていて、心のどこかで、それに注意を向けるべきかどうかを判断しているのです。そしてほとんどのケースで、その人を助けようとはせず、自分がすべきことを続けます。これはあなたが利己的で不親切な人だからではありません。ある状況について曖昧《あいまい》なことしかわからないとき、人は自分のことに意識を向けようとするのです。

逆に言えば、あなた自身が助けや支援を必要としているとき、自分が思っているよりもはるかに周りにはそれが伝わっていないということです。あなたにとってはスプレッドシートの内容を理解することが一大事であっても、同僚は無関心な様子で見向きもしてくれません。あなたが『ライオンキング』の半額チケットの売り場を探して右往左往しているときも、道行くニューヨーカーは足早に側を通り過ぎていきます。しかし、この人たちは必ずしも冷淡なわけでも薄情なわけでもありません。あなたが助けを求めていることに、気づいていないだけなのです。

そう、相手に気づかせることこそが、人から助けや支援を得るための最初のステップです。もちろん、それだけで終わりではありません。実際には、誰かに助けてもらうために必要なステップは四つあります。一つずつ見ていきましょう。

ステップ1――相手に気づかせる
障壁――人は周りで起きていることすべてには注意を向けていない

人は基本的に、自分のことで頭がいっぱいで、周りにはあまり注意を払っていません（その対象には他人も含まれます）。その理由は、周りに膨大な情報があるため、自分の目的に関わるものだけに焦点を絞らなければならないからです。これは、「不注意による見落とし」という、興味深い現象を生じさせます。この現象の代表例は、「見えないゴリラ」（The Invisible Gorilla）と呼ばれる実験です。

心理学者のダニエル・シモンズとクリストファー・チャブリス（この実験のタイトルと同名の書籍『The Invisible Gorilla』［邦題『錯覚の科学』文藝春秋］の著者）は、被験者に〝数人がバスケットボールのパスを繰り返す動画〟を見せ、パスの回数を数えるように依頼します。動画の途中で、パスをする人たちのあいだをゴリラの着ぐるみを着た人が横切ります（ゴリラはパスには関わりません）。動画が終わり、被験者に何かおかしなものを見たかどうかを尋ねたところ、五〇パーセントは「ノー」と答えました。パスを数えることに夢中になっていたので、ゴリラにまったく気づかなかったのです。

他の研究も、**人は一般的に目の前の目標や作業に集中しているとき、あるいは知覚的負荷（注意を引く視覚的情報や音）が高いときに、「不注意による見落とし」が起きや**

すくなることを示しています。

このため、大都市のように忙しく騒がしい環境では、誰かが助けを必要としているのに気づきにくくなります。ニューヨーカーは必ずしも冷淡なわけではありません。ミネソタ州ツインレイクスのような人の少ない場所の住人に比べ、耳目に入ってくる情報があまりにも多いために、困っている人がいても気づきにくいのです。何かに集中しているとき、五割の人がゴリラの着ぐるみを見逃します。会社の同僚がファイルでいっぱいの箱を脇に抱えて困っていたとしても、私たちがそれに気づけないのも無理はありません。

助けを求めるサインが気づかれにくい原因は、忙しく騒がしい環境だけではありません。それは、助けるべき側にある場合もあります。たとえば、不安や憂うつ、欲求不満といったネガティブな気分の人は、周りに注意を向けたり、他人の欲求に気づいたりするのが難しくなります。管理職から見た従業員など、社会的地位が上の立場にある人も、下の立場の人間にあまり注意を払わず、自分の目標に意識が向きがちになります。私たちは、〝弱い立場の人間を救える力を持つ目上の人間にこそ助けてもらいたい〟と思うケースが多くあります。しかし皮肉にも、目上の人間はそのことに気づきにくいのです。

ステップ2──助けを求めていると相手に確信させる
障壁──人は他人の心を読めない

助けを求めていることが他人に気づかれにくい理由には、〝人前で恥をかきたくないという心理〟(心理学では「大衆抑制」と呼ばれます)も影響しています。この心理は大きく二つあります。一つは、目の前の状況を誤解しているかもしれない、間違えたら大恥をかいてしまうかもしれないという不安です(たとえば、プールで溺《おぼ》れかけているように見える人を目にしても、間違えて恥をかきたくないので「きっと珍しい泳ぎ方の練習をしているに違いない」と自分に言い聞かせる)。もう一つは、私たちが体験的に知っている〝求められてもいないのに助けようとすると、相手は気分を害する〟という知識です。何かに苦戦しているからといって、その人が自力での解決を諦めているとは限りません。誰かの手を借りれば助かるのが明らかでも、必ずしもその人がそれを望んでいるわけではないのです。

まずは一番目の心理から見ていきましょう。私たちは普段、〝困っているようには見えても、「助けて！」とは叫んでいない人〟を助けるべきかどうかを、どうやって判断しているでしょうか？　その答えは、周りの人の様子を窺《うかが》う、です。近くの人たちが行動を起こそうとしていたり、不安そうな顔をしたりしていれば、私たちは事態が深刻であると判断します。しかし、誰も反応しておらず、みんな自分のことに意識を向けているときは、〝たいした問題ではないだろう〟と判断するのです。実は、私たちはこうした他人の反応に、驚くほど大きな影響を受けています。

それをよく物語る実験があります。一九六〇年代、プリンストン大学のビブ・ラタネとジョン・ダーリーは被験者の学生を二組に分け、一方のグループは一人で、もう一方のグループは二人一組（この場合のもう一人の被験者はサクラです）でアンケートへの記入を依頼します。作業開始からしばらくすると、換気口から煙が実験室に流れ込んできます。一人でアンケート記入をしていた被験者はすぐに不安になり、助けを求めます。しかし二人一組でアンケート記入をしていた被験者は、もう一人の被験者（サクラ）が煙を無視していると、そのまま作業を続けたのです。煙が立ちこめ、アンケートの文字を見ることすら困難になっても、サクラが動じないのを見た被験者は、何も問題はないはずだと判断して作業を続けました。同様の研究でも、被験者はサクラが反応を示さない場合、隣接する部屋から女性の悲鳴や叫び声が聞こえても何もしませんでした。

このように、曖昧な状況を理解するために他人に目を向けるのは、理にかなっている場合もあれば、とてつもない判断ミスになる場合もあります。周りにいる人が、必ずしも自分よりも目の前の状況を理解するための知識があったり、その状況について的確な判断をしたりしているとは限りません。それでも私たちは、〝集団の知性〟を信じて行動をとってしまいます。しかしそれは簡単に、〝集団の愚《おろ》かさ〟につながる危険があるのです。

では次に、〝求められてもいないのに助けようとすると、相手は気分を害する〟という、「大衆抑制」の二番目の心理に目を向けましょう。このとき、相手が自力で問題を解決したがっているかもしれないという懸念の他にも、私たちを躊躇させる原因となる社会規範や不文律があります。代表的なのは、「家族のプライバシー」の問題です。これは、〝夫妻や家族といった家庭の問題には他人が立ち入るべきではない〟という一般的な考えです。

この社会的規範の恐ろしさを実証する実験があります。一九七〇年代前半、ランス・ショットランドとマーガレット・ストローは被験者に、男性が女性に暴力を振るう様子を目撃させました。襲われている女性が「あなたは誰なの！」と叫んだとき、男性の暴力を止めようとした被験者は全体の六五パーセントいましたが、女性が「なぜあなたと結婚してしまったのかわからないわ！」と叫んだときは、一九パーセントしかいませんでした。

男女の関係が不明な場合はどうなるのでしょう？ 別の実験では、被験者に男性が女性に暴力を振るう無音の映像を見せたところ、三分の二以上が、二人は恋人か夫婦だと考えました（それを示す情報は映像のなかでは一切示されていなかったにもかかわらず、です）。つまり私たちは、見知らぬ男女を見ると、何らかの関係があると判断しがちなのです。このため誰かが困っているように見えても、一緒にいる人が家族や恋人かもしれないと考え、手助けを躊躇してしまうのです。

他にも、「助けを求めている人は、それを相手に伝えようとするはずだ」という一般的な考えも問題の原因だと言えます。私たちは、〝誰かに助けを求めるのは気まずく、恥ずかしいので、人はそれを躊躇しがちだ〟という事実を忘れ、助けを求めているなら向こうから近づいてくるはずだ、と考えてしまうのです（ある研究では、学期初めに「学期中に自分に支援を求めてくる学生は何人いると思うか」と教育助手に尋ね、学期末に実際の数と比較したところ、二割から五割多く見積もられていたことがわかりました。人には、誰かに助けを求められることを多く見積もりがちな傾向があるのです）。**〝相手が困っていないのに、助けが必要だと誤解してしまう〟ことのリスクと、〝求められていないのに助けようとして嫌がられる〟ことへの不安は、どちらも誰かを助けようとする側にとって、大きな障壁になります。**逆に言えば、あなたが困っていて人に助けてもらいたいときは、この二つの壁を取り除くことが最善策になります。そして嬉しいことに、この方法はとても簡単です。**そう、直接、相手に助けを求めればいいのです。**

　とはいえ、助けを求めることに抵抗を覚える人もいるはずです。もし、こちらから何も言わなくても、助けてほしいという気持ちを相手が察知してくれるのであれば、私たちはみんなそれを望むでしょう。でも、残念ながら現実にはそうはいきません。他人は〝助けを求める人は、それを伝えてくるはずだ〟と考えているからです。ですから、実際に助けを求めること以外に、確実に相手にそれを伝える方法はないのです。

　当然ながら、私たちは良い行動を直接的なリクエストに応じる形で行っています。職場で同僚が助け合うとき、その七五〜九〇パーセントが直接助けを求められたケースだと考えられています。また、慈善団体などの社会奉仕活動に従事しているアメリカ人の半数近くが、団体や友人、家族、同僚などから直接誘われたことで活動を始めたと答えています。

ステップ1とステップ2の障壁は、直接助けを求めるという方法によって解決できます。助けてもらいたいとはっきりと伝えることで、相手はそのことに気づき、〝助ければ喜んでもらえる〃という確信を抱けるようになるのです。

ステップ3――助ける側は責任を負わなければならない
障壁――他にもたくさん人がいるのに、なぜ自分が助けなければならない？

社会心理学の講座を受講したことがある人なら、悲劇的なキティ・ジェノヴィーズ事件について知っているかもしれません。実際には、この事件の内容は当初報告されていた通りのものではありませんでしたが、いずれにしても、これは心理学における極めて重要な分野である〝人はなぜ誰かを助ける（助けない）のか〃というテーマの研究を促す大きな力になりました。

一九六四年三月上旬の深夜、二八歳のジェノヴィーズは、仕事を終えてクイーンズにある自宅アパートに戻る途中で、二九歳の機械工ウィンストン・モーズリーに襲われ、殺害されました。ジェノヴィーズは三〇分間にわたり、アパートの中庭でモーズリーに攻撃され続けました。その間、何度も助けを求めて叫び声を上げました。この事件が世間の大きな注目を集めたのは、事件そのものではありませんでした。ニューヨークタイムズ紙の記事に、警察が「多くの人が彼女の悲鳴を聞いたが、助けようとしなかった」とコメントしたことが、人々を恐怖で震え上がらせたのです。ただし最近の調査では、当初報告されていたほど多くの近隣住人がジェノヴィーズの悲鳴を耳にしたり、事件を目撃したりしていたわけではなかったことがわかっています。目撃者のうち二人は警察に電話をかけ、一人は加害者に向かって彼女への攻撃を止めるように呼びかけ、一人は現場にかけつけて瀕死のジェノヴィーズを抱きかかえました。

何年ものあいだ、キティ・ジェノヴィーズの死はニューヨーカーの極端な無関心や冷酷さの象徴だと見なされてきました。最近では、女性に対する暴力や、近隣地域での暴力に対する警察の無関心の実例だとも言われてきました。当初、この事件の恐ろしさはかなり誇張されて報じられ、書籍や映画、ポッドキャスト、フィクションの元ネタにもなりました。また、「傍観者効果」と呼ばれる学術的な研究も大きく刺激しました。

こうした状況のなか、この事件のような局面で人が困っている誰かを助けようとしないのは、無関心や冷酷さのためではなく、〝助けられる立場の人が多すぎるので、自分が助けなくても大丈夫だろうと思うこと〟だと初めて主張したのが、前述したプリンストンの心理学者のラタネとダーリーでした。

誰もいない田舎道を車で走っているとき、路肩にハザードランプを点滅させた車が停まっていて、その近くに年配の女性が困り果てた様子で立ち尽くしているとします。あなたは車を止めて彼女を助けるでしょうか？　おそらく、そうするはずです。これから何時間も他の車が通らないかもしれないので、自分以外に彼女を助ける人はいないと判断するはずだからです。

では、今度は交通量の多い都会を走っていて、同じように路肩にハザードランプをつけた車が停まり、その近くに困った様子の年配の女性が立っていたとすれば、あなたは助けようとするでしょうか？　おそらく、そのまま通り過ぎるのではないでしょうか。他にも大勢の車がいるので、自分が彼女を助けるべきだという感覚が生じにくいからです。ラタネとダーリーは、この二つの状況の違いを「責任の分散」という概念で説明しようとしました。**つまり、周りに困っている誰かを助けられる人が多くなるほど、それ**

それが抱く〝自分が助けるべきだ〟という責任感は薄れるというのです。

二人はこの仮説を検証するための実験を行いました。被験者はマイクとインターフォンが用意された実験室に一人で入り、他の部屋にいる被験者（一名、二名、五名の三パターンがある）とマイク越しに討論をするよう指示されます。また、実験者にはその会話は聞こえないことも教えられます。実際には別室には他に被験者はおらず、実験室の被験者には録音された討論の内容を聞かせます。その途中で、別室にいるという設定の被験者が突然発作を起こしたことにし、助けを求める悲鳴を録音したものを実験室の被験者に聞かせます。

被験者は、二人きりで討論をしていて、発作の悲鳴を聞いたのが自分しかいないと考えていたときは、一〇〇パーセント、発作を起こした相手を助けようとしました。しかしこの割合は、討論をしていると知らされていた人数が三人のときは八〇パーセントに、六人のときは六〇パーセントに低下しました。自分以外に悲鳴を聞いた人がいると、他の誰かが助けるかもしれないという心理が働いたのです。

ただし助けようとしなかった被験者も、平静だったわけではありませんでした。三人と六人のグループの被験者は混乱し、動揺し、自分の役割が不明確な状況でどう行動すべきか戸惑っているように見えました。「他の誰かが助けようとしているのでは？　私は何かをすべきだろうか、それともじっとしていればいいのか？」

その後の研究でも、同様の効果が観察されています。

困っている人がいるとき、傍観者が多いほど、そのなかから助けようとする誰かは出てきにくくなります。その人たちが冷淡だからなのではありません。誰が責任を負うべきかがわからず、混乱が生じるからです。誰かの助けが必要かもしれないのはわかるが、それが自分であるという感覚を持ちにくいのです。

私たちが日常生活で「責任の分散」の状況に陥ってしまう典型例が、同報メールで誰かに頼み事をして、結局誰も反応してくれないというよくある失敗です。Ｂｃｃで何かを頼まれても、それを自分事としては受け止められません。商品の宣伝や本のレビュー、新規プロジェクトへの協力をしてほしいと書かれていますが、それが何十人、何百人に向けて送られたものかはわかりません。自分に直接頼んでこないのは、同じサポートを提供できる人が大勢いることの裏返しでもあります。このような頼み方をされても、頼まれたほうは、助けることに責任を持とうとは思えないのです。

ですから、誰かのサポートが必要なときは、責任の分散がもたらす混乱を減らすために、相手にあなたを助けることへの明確な責任感を持たせるような頼み方をすべきです。手を貸してほしい相手がいるのなら、時間をかけ、その人に向けて「あなたに助けてもらいたい」という思いをしたためた丁寧なメールを書きましょう。大勢に向けて一斉に依頼をしても、無視されやすくなります。

ステップ4――助ける人が、必要な助けを提供できる状態でなければならない障壁――相手にとって、自分のすべきことの妨げになる可能性がある

私たち現代人は、誰もが忙しい毎日を過ごしています。スケジュール表は予定で埋まっていて、「やることリスト」は一マイルもありそうなくらい長くなっています。しなければならないことの多さを想像すると気が遠くなるので、できる限り考えないようにしています。自分のことで手いっぱいなので、誰かに頼み事をされたり手を貸してほしいと言われたりしても、たとえ本当は助けたいと思っていても、躊躇してしまうのです。慌ただしい日々を送っていると、しなければならないことが増えそうになったとき、なんとか時間を捻出できないかと検討することもなく、即座に「ノー」と言うこともあり

ます。それは、必ずしもその人が怠惰だったり自分勝手だったりするわけではありません。考えなければならないことが他にたくさんあり、厳しい納期に追われている仕事も山ほどあれば、脳のキャパシティには余裕がなくなります。その結果、物事をじっくりと考えようとせず、短絡的な判断を下そうとするようになるのです。忙しさが私たちにどのような影響を及ぼすかについて、これ以上ないほどぴったりの実験があります。それは、プリンストン大学の神学部の学生に、「善きサマリア人のたとえ」について話すように依頼した実験です。

「善きサマリア人のたとえ」とは、『新約聖書』の『ルカによる福音書』に出てくる以下のようなたとえ話です。

「私の隣人とは誰でしょうか?」と律法学者に尋ねられ、イエスは答えた。「ある男がエルサレムからエリコに下る途中、強盗に襲われて、身ぐるみをはぎ取られ、瀕死の傷を負った。偶然、ある司祭がその道を歩いてきたが、男を見ると道の反対側を通り過ぎた。次にレビ人が歩いてきたが、同じく男を見て反対側を通り過ぎた。その次に、サマリア人の旅人が通りかかった。サマリア人は怪我をした男を哀れに思い、そばに寄って傷に油とワインを塗り、包帯で手当をした。そして、男をロバに乗せて宿に連れて行き、介抱をした。翌日、銀貨二枚を宿主に渡し、〝この人の世話をしてください。これ以上お金がかかるようなら、帰りに私が追加分を払います〟と言った。この三人のうち、どれが強盗に襲われた男の隣人だと思うか？」。律法学者は、「男に憐《あわ》れみを示した者です」と答えた。イエスは言った。「では、行って、同じようにしなさい」

心理学者のジョン・ダーリーとダニエル・バッソンは、プリンストン大学の神学部の学生に、「宗教教育と職業」に関する研究に参加するよう呼びかけました。学生たちはまず、ある校舎で質問に答えます。次に、実験者は、被験者に次の研究のためにキャンパスの反対側にある講堂に移動し、そこで談話をしてほしいと依頼します。談話のテーマは、半分の学生は「神学部の学生にとって相応《ふさわ》しい職業について」、もう半分の学生は「〝善きサマリア人のたとえ〟について」です。

ここで、実験者は学生の半分には移動の時間を十分に与えますが、残りの半分の学生にはプレッシャーを与えます。腕時計を見て、「おや、時間に遅れそうです。聴衆はもうあなたの談話を数分前から待っています。助手が待っているはずなので急いでください。一分ほどかかります」と伝えるのです。

学生が講堂に移動する途中の道には、具合の悪そうな演技をしている「仕掛け人」がうずくまっています。被験者が通り過ぎるとき、仕掛け人は顔を下に向けたまま二度咳き込みます。

この実験の被験者は、一般的な学部生ではなく、宗教の原理の学習と実践を専門にしている神学部の学生です。具合が悪そうな男性を見かけた被験者が救いの手を差し伸べる率はどれくらいだったと思いますか？

男をまったく助けようとしなかった被験者は全体では六〇パーセントで、遅刻しているので急いで講堂に向かうようにと指示された被験者に限ると九〇パーセントでした。つまり、急いでいた被験者はわずか一〇パーセントしか男を助けようとしませんでした。

では、男に遭遇する直前に、「講堂で〝善きサマリア人のたとえ〟の談話をするように」と指示されていた被験者の場合はどうだったのでしょうか？　思いやりや寛大さの大切さについての話を頭に思い浮かべた後だったので、男が助けを求めていることに気づきやすくなり、助けようとしたのではないでしょうか？

そうではありませんでした。被験者がこれから話そうとしていた談話の内容は、目の前で苦しんでいる男を助けようとする可能性にまったく影響しなかったのです。ダーリーとバッソンは、「これから〝善きサマリア人のたとえ〟の談話をしようとしている神学部の学生のうち数人は、急いで講堂に向かうために、苦しそうに道ばたに倒れている男を跨《また》いだのだ！」と述べています（私はこの光景を思い浮かべるたびに、恐ろしさを感じつつも、傑作だと思ってしまいます）。

道ばたで苦しそうに倒れ込んで助けを求めてもこれほど反応してもらえないのなら、私たちが日常的に誰かの力を借りたいときには、それなりの伝え方をしなければ反応してもらえないのも当然です。まず、他人とは常に忙しくしているものだと考えるようにしましょう。誰もが自分の仕事を抱えて、目の前の問題を解決することで頭をいっぱいにしています。このように忙しい人からの助けを得るには、次の三つのことをするのがポイントです。

一番目は、**「何を求めているのか、どの程度の助けが必要なのかを、はっきりと、詳しく説明すること」**です。「お願いしたいことがある」「ちょっと手を貸してほしい」といった曖昧な伝え方をすると、相手は自分の手に負えないほどの手間や時間がかかることを頼まれるのかもしれないと不安になります。

二番目は、**「妥当な量の助けを求める」**です。相手のすべきことの妨げにならないような内容のものを頼むようにします。

三番目は、**「求めていたものとは違っていても、相手の助けを受け入れる」**です。思ったほど助けてもらえなくても、それについて不満を抱かないようにしましょう。相手が与えてくれた助けがわずかであっても、感謝して、相手との関係を良いものにすることに目を向けましょう。そうすることで、私たちが考えている以上の恩恵が得られます。

おさらいをしましょう。

助けを得るには、まず誰かにあなたが助けを求めていることに気づかせ、それを確信させなければなりません。そのためには、遠回しの表現では伝わりません。助けてもらいたいことをはっきりと伝えましょう。

次に、相手はあなたを助けるために、〝他でもない自分がこの人を助ける〟という責任感を抱く必要があります。そのためには、不特定多数ではなく、その相手に直接依頼をすべきです。

最後に、相手が忙しいことを十分に留意します。妥当な量のサポートを明確に依頼し、もし思ったように助けてもらえなくても、それを受け入れるようにします。

第5章のまとめ

●助けを得るための最初のステップは、助けてほしいと相手に気づかせること。一般的に、人は自分のことで頭がいっぱいなので、こちらが思っている以上に、注意を向けてくれないものである。

●助けることを歓迎すると相手にわからせること。相手は〝求められてもいないのに助けようとすると煙たがられることがある〟と知っているので、あなたが本当に助けを求めていると確信できなければ、躊躇してしまう。

●〝自分がこの人を助ける〟という責任感を抱かせる。不特定多数（例：同報メール）に助けを求めると、受け取った相手は、自分が助けるべきだという必然性を感じにくい。

●相手も忙しくしていることを忘れないようにする。誰もが自分のすべきことを抱えている。できる範囲で助けてもらえることを受け入れること。

第6章
こんな頼み方をしてはいけない

私は、友人のトーマス・ウェデル＝ウェデルスボルグ（『イノベーションは日々の仕事のなかに――価値ある変化のしかけ方』〔英治出版〕の共著者）から、これまでに数え切れないくらい何度も助けてもらいました。また、頼み事に対して平然とノーと言うところも何度も目にしてきたので、私と同じく、トーマスの寛大さにも限界がないわけではないことも知っています。先日、トーマスは自らの親切な行為についての話をしてくれました。私はそれが、科学が明らかにしてきた〝人を助けることがもたらすメリット〟にまさに当てはまることと、トーマスの爽やかな人柄（それは普段の彼そのものだったとはいえ）について驚かされました。

シンガポールで講演を終えて、帰国便に乗るために空港を訪れたとき、偶然、母親のブリッジクラブ仲間の女性と居合わせた。彼女はシンガポールに住んでいる息子の家を訪れて、アメリカに帰るところだった。搭乗口では僕の名前が先に呼ばれた。座席がビジネスクラスだったからだ。そのとき、彼女の座席がエコノミークラスだと気づいた。

機内に乗り込み、エコノミークラスの座席のところに行った。そして傲慢《ごうまん》にも、「僕はこの狭い座席に一二時間も座っていられるだろうか?」と考えた。でも、なんとかなるだろうと思った。そして、後から乗り込んできた彼女に「チケットを間違えていますよ」と洒落っ気を込めて伝え、僕のビジネスクラスの座席を譲った。僕は飛行機がアメリカに到着するまでの一二時間、彼女が座るはずだったエコノミークラスの座席で過ごした。

それは、ある意味で打算的な行動だった。もちろん僕は、彼女をハッピーにしたかった。だけど彼女に親切にすれば、帰国した彼女がいつものブリッジクラブで僕の母親に会ったとき、「あなたの息子さんは、なんて素晴らしい人なの」とても褒めてくれるはずだという計算もあったからだ。彼女にビジネスクラスの席を譲ったのは、僕のエゴでもあった。

でも、ここからが面白いところだ。座席を交換して、彼女がとても嬉しそうにしているのを見た僕は、それから一時間、エコノミークラスの座席に座りながらずっと笑顔を浮かべていた。人に親切をしたときに、こんなに大きな喜びを感じるということに驚いた。だからその日のフライトには、とても幸せな人が二人乗っていたというわけなんだ。

世間一般には、〝人助けは、相手のためにすることであり、助ける側には何もメリットはない〟という考えがあります。しかし、それは大きな間違いです。誰かを助けるかどうかを判断するとき、毎回ではないにせよ、私たちは少なくとも部分的には自分自身の利益や、助けることで自分がどんな気分になるかを計算しているのです。そして、それは良いことです。なぜなら、助ける側がメリットを見出せば、それは誰かを助けることへの強力な動機付けになるからです。この動機付けは、知的な大人の男性を喜んで一二時間エコノミークラスの座席に座らせるほど強力なものなのです。

では、もしトーマスがビジネスクラスの座席に座っているのに気づいて近寄ってきた母親の友人が、「ねえトーマス、座席を交換してくれない？」と言ってきたとしたらどうでしょうか。トーマスはどんな気分になったでしょう？

ダメな頼み方のパターン

誰かに助けを求めることが難しいのは、重要なのが〝**何を言い、何をすべきか**〟**だけでなく、**〝**何を言うべきでないか、何をすべきではないか**〟でもあるからです。第4章で見たように、助けを求めることは本質的な矛盾をはらんでいます。すなわち、〝助けてほしい〟と頼まれることで、相手は進んでその人を助けようという動機を失ってしまうのです。加えて、逆効果を生じさせてしまういくつかの頼み方もあります。この章では、頼み方を間違えてしまったために、すべてを台無しにしてしまう一般的なパターンを見ていきましょう。

▼共感に頼りすぎる

共感は、誰かを助けるための強力な動機になります。誰かが困っているのに気づいたとき、その人のために何かをすべきだと感じるとき、さらには相手の立場になったことを想像するときなどに、共感は生まれやすくなります。共感は少なくとも一時的な「集団的返報性」の感覚（第4章で説明した、自分と共通点のある人を助けようとする傾向）を生じさせます。

ここでの共感とは、相手との共通の体験を想像すること、、、、、、、です。私たちは、道路脇で車が立ち往生してしまうことや、汚れた服を着ていること、スウェーデン語の説明書が読めないことがどんな感じがするかを想像できるからこそ、ドライバーを助け、他人の服を洗濯し（どれだけ苦手でも）、友人がＩＫＥＡで買った棚の組み立てを手伝うのです。

共感の素晴らしいところは、それが想像力に基づいているため、見知らぬ人や未体験の状況をも対象にできることです。たとえば私たちは映画『オデッセイ』を観ているとき、主人公のマット・デイモンを火星からなんとか救いだしたいという思いに駆られます。私たちは、ハリウッド俳優が（あるいは誰であっても）火星に一人置き去りにされることが、もしくはそもそも火星に到達することが不可能だと知っています。それでも、想像力を駆使することで、デイモンを助け出したいと思えるようになるのです。

相手の共感を引き出すのは、その度合いさえ適切であれば、助けを得るためのとても効果的な方法です。しかし、度が過ぎると逆効果です。**「私は痛みを感じています。助けてください」というメッセージは、その痛みが大きくなりすぎると効かなくなることがあるのです。**相手は心を閉じ、その場から逃げ出してしまいます。

この好例としていつも私の頭に浮かぶのは、アメリカ動物虐待防止協会（ASPCA）のテレビコマーシャルです。私は犬が大好きです。小さな頃からずっと犬が身近にいましたし、これ以上は無理だと思えるくらいにこの動物を愛しています。真面目な話、私の引退後の夢は、いつの日か犬を放し飼いにできる大きな農場で暮らすことです。しかし、テレビでASPCAのコマーシャルが始まり、サラ・マクラクランの『エンジェル』が聞こえてくると、ものの二秒も我慢することができません。これ以上ないほど物悲しい曲を聞きながら哀しい目をした猫や犬の姿を見るのは、とても心が痛むものです。私の二人の子供たち（動物が大好きです）も、このコマーシャルの音楽が聞こえ始めたとたん、「チャンネルを変えて！」と叫び出します。

私は、ＡＳＰＣＡをはじめとする国内外の動物保護団体に寄付をしています。それでも、このコマーシャルを見ても、さらなる寄付をしようという気持ちにはなりません。むしろ、このコマーシャルがかかるチャンネルそのものすら避けようとします。同じような反応をしているのは、私だけではないはずです。

このように、助けを求めて相手の気を引くために共感を用いる場合には、度が過ぎると逆効果が生じることがあるので、注意が必要です。

▼やたらと謝る

〝ひたすらに謝られながら頼み事をされる〟という（あまり嬉しくない）経験をしたことはないでしょうか。「申し訳ないんだけど、この仕事をお願いするわ。本当はこんなことは頼みたくなかったの。あなたが忙しいのはよく知っているし、自分でできればよかったんだけど、どうしても力が要るの。本当にごめんなさい」

こんなふうにお願いをされても、あまり良い気分はしません。それでもあなたはたぶん、相手の頼みを引き受けるでしょう（おそらくは、さっさとその仕事を片付けようと思いながら）。でも、このような形で誰かを助けようとすれば、「進んでそうしたいからではなく、しなければならないからする」という、〝コントロールされた〟感覚が生じてしまいます。

ミュージシャンで元大道芸人のアマンダ・パーマーは、その刺激的な著書『The Art of Asking』のなかで、支援者から募った寄付金でアーティスト活動を続けてきたという自らの経験について詳しく書いています。パーマーは他のアーティストから寄付についてのアドバイスを求められると、「謝ってはいけない」と口を酸っぱくして伝えます。**謝ることは〝よそよそしい〟関係につながるからです。**

一般的に、同じチームにいる（関係的／集団的返報性の感覚がある）人は、心のなかで〝必要なときは互いに助け合おう〟と考えています。当然ながら、それは〝持ちつ持たれつ〟の関係につながります。しかし、謝りながら頼み事をすると、その人とは同じチームに所属していないような感覚が生じます。持ちつ持たれつの助け合いをしている人間なら、助けてもらうときに謝る必要はないからです。**謝ると、同じグループにいるというアイデンティティが希薄になり、お互いのあいだに距離が生まれ、一体感が損な**

われます。

ただし、何か大きな失敗をして（重要な納期を逃したとか、顧客の気分を害したとか）、その埋め合わせをするために誰かの力を借りたいときなどは、話は別です。その場合は、助けを求めるときにきちんとお詫《わ》びを入れましょう。

しかし一般的には、助けを求めるときには謝る必要はありません。その代わりに、こちらの求めに応じて助けてくれた相手には、感謝をしましょう。そのほうが、頼む側も頼まれる側も、はるかに大きな満足感が得られます。

▼言い訳をする

頼み事をするとき、〝自分は実際には人に助けを求めるほど弱くもないし、わがままでもない〟ことを証明しようとして、頼まれる側の気持ちを汲むことよりも、言い訳を口にすることに懸命になる人がいます。「普段は誰かに助けを求めたりはしないんだ」「他に方法があったら、君にはお願いしなかったのだけど」「本当は頼みたくはないんだが」――。

その気持ちはわからなくもありません。人に助けを求めるのは、気まずいことだからです。私たちは人に何かを頼むとき、相手に面倒だと思われてしまうかもしれないという不安を感じます。でも、だからといって言い訳めいた頼み方をするのは適切ではありません。気が進まない様子で頼み事をしていたり、人の力を借りることにうんざりしたりしている様子の相手のために何かをしても、助けた側は充実感を得られません。

助け合うことが〝私はこれをするから、あなたもお返しをしてね〟という取引のようなものになってしまうと（集団的／関係的返報性で見たように）、誰かを助けることへの純粋な喜びは失われてしまいます。

ですから、**助けを求めることが少々気まずいものであっても、言い訳めいた響きにはならないようにしましょう。**前向きな気持ちでリラックスし、自分が相手にどんなふうに見えるかではなく、相手がどんな気持ちになるかに意識を向けるのです。

▼頼み事の内容の楽しさを強調する

「きっと大好きになるわよ。楽しいに決まってる！」。私の共同研究者のなかに、いつもこんなふうに頼み事をしてくる幼い頃からの友人を持つ人がいます。

「今週末に家のリビングルームの壁を塗り直すのを手伝ってくれない？　ついでにビールを飲んで、近況報告をしましょう。ガールズトークよ！」

「ねえ、自動車整備場まで迎えに来てもらえない？　もうしばらく会っていないじゃない。ドライブしましょう！」

これは、友情が試される頼み事の方法です。

何かを頼むとき、その頼みを引き受けることのメリットを相手に強調してはいけません。「え？　そうなの？」と思った人もいるかもしれません。この本では、人を助けることがどれほど私たちをハッピーにするかを何度も説明してきたからです。

誰かを助けると幸せな気分になるのは事実です。しかし、頼み事をする側がことさらにそれをアピールすると、頼まれた側は興ざめしてしまいます。まず、操作され、コントロールされているという感覚を抱きやすくなり、〝助けてあげたい〟という自主的な気持ちも失われてしまいます。さらに、それは頼む側からの一方的な押しつけや決めつけでもあります。相手は、「私がどう感じるかを先回りして言わないでほしいなあ。それは私が決めることなのに」と思ってしまうのです。

ただし、その行為がもたらすメリットを、一般論としてやんわり伝える程度なら構いません（例「寄付をするのは、社会への恩返しになります」）。しかし、そのときに利己的（助けた側が得られる）なメリットと利他的（助けられた側が得られる）なメリットを混ぜてはいけません。そうすると、相手は操作されているという感覚を持つようになるからです。

たとえばある研究では、過去に母校に一度も寄付したことがない約一〇〇〇人の卒業生にメールで寄付を依頼しました。その際、寄付のメリットを次の三つの異なる文面でアピールしました。

①利己的メリットをアピール――「寄付をした卒業生は、幸せな気持ちになるという感想を述べています」

②利他的メリットをアピール――「寄付をすることで、学生や教職員、スタッフの人生に良い変化を起こせます」

③利己的メリットと利他的メリットを同時にアピール――①と②の文面を組み合わせる。

その結果、①と②は同等に効果的でしたが、③では効果が半減していたのです。

▼その頼み事は些細なものだとアピールする

助けを求めることは気まずく、相手に断られるかもしれないという不安がつきまといます。そのため私たちは、その頼み事を〝些細で取るに足らないもの〟だとアピールして、相手に引き受けてもらおうとします。たとえば、その仕事には手間がかからないと強調します。「この契約書をあの顧客のところに届けてくれる？　帰り道の途中に寄れるでしょ」。あるいは、時間がかからないと強調します。「データベースの更新を頼むよ。五分もかからないはずだ」

しかし、このような頼み方には問題があります。**頼み事を小さく見せかけることで、得られる助けも、助ける側と助けられる側が感じる温かい気持ちも小さくなってしまうのです。**

頼み事にかかる労力を小さく見積もりすぎているという、実はとても大きなリスクもあります。

私の本を担当してくれている女性編集者はたまに、古い付き合いの男性から「原稿に目を通してほしい」とメールで頼まれるそうです。その男性はいつも、これを些細なお願いだというふうに彼女に伝えてきます。「この原稿はもう完成に近い。簡単な校正をしてくれるかな？」。彼女が添付ファイルを開くと、たいていそれは六〇〇〇語程度の学術論文です。しかしあるときには、ものすごい長文でした。そう、書籍一冊分です。

私は、このような頼み方をする人たちが必ずしも利己的だとは思いません。単に無知である場合があるからです。相手がその頼み事をするのにどれくらいの（膨大な）時間がかかるかが、わからないのです。この旧友も、彼女の仕事を理解していません。もしフリーランスの編集者に有料でこの仕事を頼んだらいくらになるかも知りません。このような頼み方をすると、相手が普段、楽で簡単な仕事をしていると暗に仄《ほの》めかすことになってしまいます。ですから、これは助けを得るための良い方法ではありません。

あなたも、仕事の中身をよく知らない人たちと一緒に働いているかもしれません。会社でも、別部門の人たちに対しては（IT、人事、コンプライアンス、セールス、マーケティング）、「融通がきかない」「仕事が遅い」「まとまりがない」「無駄が多い」といった不満を感じてしまいがちです。「あの人たちは一日中、何をしているんだ？」と思ってしまうのです。しかし、相手のことを知らないのなら、こちらの頼み事を簡単に終えてくれると見なすべきではありません。

▼借りがあることを思い出させる

「僕は君から、あの面倒なクライアントの仕事を引き継いだよね？」
「私が、あなたのよく泣く子供のベビーシッターをしたときのことを覚えてる？」
「鍵の使い方を忘れたあなたのために、私は家まで行って何度も教えてあげたことがあるわ」

私たちは、持ちつ持たれつの関係（返報性）がどんなものかを知っています（第4章）。また、助けを求めるときに不安で落ち着かない気持ちになるのもわかっています。ですから頼み事をするときに、〝過去に自分がしてあげたこと〟を相手に思い出させようとしてしまうことがあります。しかし、この方法も相手をひどく戸惑わせてしまいます。

たとえば私の編集者は、件の男性から書籍一冊分の原稿をメールで受け取ったとき、断りたいと強く感じました。この男性とは長いあいだ顔を合わせていないような間柄でしたし、週末にはしたいことが他にたくさんあったからです。しかし、はっきりと「ノー」と言うことがどうしてもできなかったので、丁寧な返事を書き、一冊分をすべて校正すると四〇時間もかかりそうなので、どれか一章だけに絞ってもらえないかと伝えました。しかし男性は、〝自分は昔、スポーツコラムニストだったときの君の文章を校正したことがあるのに〟と言い張りました。これは理屈としては間違っていないのかもしれません。彼は過去に彼女を助けました。そして、二人は古くからの友人です。ですから、彼女が彼のために無償で何かをしてもおかしくはないようにも思えます。

しかし、そうではありません。**返報性は、求められた助けに応じようとする力を生みますが、相手にコントロールされているという感覚も生じさせます。**返報性は、助け合いの労力が等しいときにもっともよく機能します。五〇〇語のスポーツコラムを校正するのと、五万語の歴史論文を校正するのは同じではありません。また、返報性は時期的にあまり離れすぎると効力を失います。たとえば、〝命を救う〟などのとてつもなく大きな何かをしない限り、一〇年間も相手に借りを負っているとは感じ続けません。そして、心理学で定義された返報性の三つのタイプ（個人的、関係的、集団的）のどれかに当てはまります。

たとえば、私の編集者は隣人の大工がＤＩＹ雑誌向けに書いた記事は喜んで校正します。この大工の男性が、彼女の家を何度も修理してくれたからです。二人のあいだにははっきりとした交換の感覚があります（個人的返報性）。また、彼女は夫のフライフィッシングに関するエッセイも（関係的返報性）、いとこのボーイフレンドが書いた（彼のことはほとんど知りませんでしたが）大学院出願用のエッセイも校正しました（集団的返報性）。

返報性についての重要なポイントは、こちらから思い出させようとすると、逆に相手からは〝借りがある〟という感覚が薄れることです。**自分には貸しがある、とアピールすると、相手はコントロールされた感覚を持ってしまいます**（実際、それは頼む側がしようとしていることです）。これは、アダム・グラントが「マッチ」と呼ぶ、損得を基準にした、特に寛大でもなければ、良い気分も生み出さない行動につながります。たとえば、友人と一緒にピザを食べに行き、支払い時に「君は二切れ多く食べたので、多目に支払って」と言われるようなものです。

これは、相手に貸し借りの記録をつけられているような感覚をもたらします。この種の記録は、人間関係にとって基本的に良くない影響を生じさせます。

▼助けられたことの自分にとってのメリットを強調する

よほど変わった育てられ方でもしていない限り、人は助けてくれた相手には感謝を伝えなければならないのを知っています。それでも私たちはよく、感謝の気持ちを表すときに重大なミスを犯します。〝助けてもらえて嬉しかった、こんなに助かった〟と自分の気持ちばかりを話し、相手の気持ちに目を向けることを忘れているのです。

ノースカロライナ大学の研究者サラ・アルゴー、ローラ・カーツ、ニコール・ヒラリーは、感謝の表現を、「他者称賛」と「自己利益」の二タイプに区別しました。「他者称賛」とは、助けてくれた相手の性格や能力を褒め、評価することなどです。「自己利益」とは、助けられた側のメリットを話すことです。ある研究では、複数のカップルを対象に、「最近パートナーにしてもらったこと」への感謝を述べてもらい、これらの言葉を他者称賛と自己利益のどちらかに分類しました。表現の例は次のとおりです。

◎他者称賛

「あなたは本当に責任感が強いのね」
「自分のことを差し置いて、私のために手間暇をかけてくれてありがとう」
「君は本当にそのことが上手だ」

◎自己利益

「おかげでリラックスできた」
「職場で自慢できるよ」
「嬉しかった」

最後に、感謝を伝えられた側に、「パートナーは普段どれくらい気を遣ってくれているか」（反応性）、「どれほど幸福だと感じているか」（ポジティブな感情）、「パートナーに対してどれほど愛情を感じているか」（愛情認識）などを尋ねました。その結果、「他者称賛」の感謝の伝え方は、「自己利益」よりも、これらと強い関係があることがわかったのです。

これは、じっくり考える価値のある事実です。なぜなら、私たちは感謝の気持ちの表現方法を大きく誤解しているからです。人間には、自己中心的な側面があります。そのため、他者について考えたり話したりすべき場合であっても、自分のことを話したがります。

助けや支援を得たときも、それによって自分がどんな気持ちになったかを相手に伝えたくなるのです。それに、私たちはそれが助けてくれた側が聞きたがっている言葉だとも思っています。〝この人が助けてくれたのは、私を喜ばせるためだ。だから自分がどれだけ嬉しいかという話を、相手は聞きたがっている〟と。

でも、この仮定は正しくありません。もちろん、相手はあなたに喜んでほしいと思っています。しかし、誰かを助けようという動機は、助ける側のアイデンティティや自尊心とも密接に結びついています。私たちが誰かを助けるのは、自分が善い人間でありたいと思うからでもあります。自分の価値観に従った行動をとり、周りから尊敬されたいと考えているのです。しかし、助けた相手が自分のことばかり話していると、助けた側が自分に対してこうした善いイメージを持つチャンスが少なくなってしまいます。

頼み事を正しく相手に伝えるための三つの方法

相手に〝コントロールされた感覚〟を抱かせず、助けることの喜びを自然に感じてもらうような頼み方の方法は、三つあります。これらの三つの「人を動かす力」を用いることで、相手は他者を助けたいという気持ちになります。これらは、誰かに頼み事をしたいときにも使えますし、助け合いのカルチャーをつくるためにも用いることができます。次の第3部では、三つの章で一つずつ、これらの方法を詳しく見ていきます。

一つ目の方法は、心理学で「内集団」と呼ばれる仲間意識の感覚を用いることです。つまり、**〝自分にとって重要な集団のなかに、困っている人がいる〟**という考えです。これは、単なる集団的返報性よりも強力なものです。私たちは大切な内集団で起こることに注意を向けています。そして、内集団の人を助けようとします。自分自身の幸福と安全は、集団の幸福と安全の影響を受けているからです。集団の絆が深いからこそ、人は頻繁（かつ自発的）に家族や同僚（軍隊、警察、消防）のために自分の命を危険にさらします。困っている人の内集団での地位を高める（または強調する）のを助けることは、真に助けを求める欲求につながります。

二つ目の方法は「自尊心」です。つまり、**誰かを助けることで、助ける側がポジティブな感覚を得ることです。**この認識は、自分のポジティブな側面を自覚できたり、誰かに褒められるような役割を担っていると感じたりするときに高まります。たとえば「人のために何かをすること」が自分にとって重要な理由を考えると、人は他者を助けようとします。「自分は困っている誰かを助ける人である」という自己認識を感じていると、人はそれに即した行動を取りやすくなるのです。自尊心が高まることで、ボランティアが募金活動のために一時間あたりにかける電話の数が約三割増えた事例や、アメリカ赤十字を通じた地震救援活動への寄付率が二一パーセントから四六パーセントに上がった事例などもあります。

三番目の、三つのうちでもっとも強力な方法は、**助ける側が「有効性」を把握できるようにすることです。**つまり、人は自分が何かを与えることや、与えたことの影響を知り、それが実際に有効であったかどうかを確かめたいのです。これは、助けた側のエゴではありません。心理学では、有効性を感じたいという動機は、人間にとって基本的なものだと考えられています。それは、行動が意図した結果を生み出しているかどうかを知ることです。突き詰めると、それは身の周りの世界を自分の手で形づくっていくことです。フィードバックがない（行動の結果がどうなったのかわからない）とき、行動への動機は激減します。これは特に、人を助けるときに当てはまります。

この、三つの正しい頼み方を採用するかどうかで、相手があなたを自主的に助けようとしてくれるかどうかは決まります。これらの頼み方を用いなくても相手は助けてくれるかもしれませんが、その場合にメリットを得るのはあなただけになるでしょう。得られる助けも限られたものになり、時間が経つにつれて相手との関係にも悪影響が生じるようになります。

たいていの場合、こうした頼み方ができる素地はすでに存在しています。たとえば、頼み事をしたい相手が仲間意識の強い内集団のメンバーである、相手が自尊心を感じやすい状況や、助けた結果を把握しやすい状況にある、などです。しかし、私たちは間違った頼み方をする、その後のフォローアップを考えていない、などのミスをするために、せっかくの良いチャンスを台無しにしてしまうのです。第3部では、助けを求めるときに、この三つの頼み方を活用する方法を詳しく紹介していきます。

第6章のまとめ

●誰かに助けを求めることが難しいのは、重要なのが〝何を言い、何をすべきか〟だけでなく、〝何を言うべきでないか、何をすべきではないか〟でもあるからだ。ダメな頼み方のパターンはいくつもある。

●「やたらと謝る」「言い訳をする」「その頼み事は些細なものだとアピールする」「借りがあることを思い出させる」などは、頼む側が意図せずに頼まれる側の意欲を削いでしまう典型例だ。相手に意識を向けず、助けてもらって嬉しいと自分のことばかり語っていても、裏目に出ることがある。

●助けを求めるときは、「仲間意識」「自尊心」「有効性」の三つの「人を動かす力」を用いて適切な頼み方をすること。

第3部

人を動かす3つの力

第7章 「仲間意識」を活用する

人類の脳は、生まれつき他者と共存するのに都合が良いようにつくられています。脳は、捕食者と獲物が織り成す世界で生き延びるために、仲間とうまく関係を保ちやすいよう進化してきました。その結果、私たちは何よりも他者に関する情報に多くの注意を払い、その情報を脳の専用の領域を駆使して処理するようになったのです。

脳の側頭葉には、人の顔を認識するための専用の領域さえあります。しかし犬や果物、自動車の種類を認識するための特別な領域はありません（ちなみに側頭葉の一部を損傷すると、「相貌失認」や「失顔症」と呼ばれる、他人の顔を認識できないという困った症状に陥ることがあります。失顔症の人は、声や歩き方、髪の色などで他人を区別します)。

なぜ、脳の時間とエネルギーの多くが他者のために費やされているのでしょうか？人間は（第1章で見たように）集団への所属に関する情報にとても敏感です。昔も今も、人間が生き延びるためには集団の一員であることが不可欠だからです。加えて、過去半世紀の社会心理学の研究が示しているように、**集団の一員であることは、私たちのアイデンティティにとって重要な要素でもあります。**それは、自分が誰であり、どんな人間なのかという私たちの感覚に大きく貢献しているのです。

このため、集団の一員であることや、人間が他者を自分たちと同じ集団のメンバーと見なす（見なさない）のはどんなときで、どんな理由によるかを理解しておくのはとても重要です。人間には、同じ部族の仲間を助けようとする本能があります。それは私たちのDNAに書き込まれています。その本能は、この痩せた体毛も牙もない霊長類の動物の群れが、武器や病院、警察なしでも何百万年間も生き延びるのに重要な役割を果たしてきました。

所属する集団のメンバーを助けようとする傾向は、幼児期から現れます。未就学児童はモノを友達と（子供なりの範囲で）共有しようとしますし、五歳以下の子供でも見知らぬ人より家族を助けることを好みます（精神的にもそのことで満足感を覚えます）。子供たちは自分と同じ学校、コミュニティ、人種の人を助けようとします。もちろん、この傾向は大人になっても続きます。人間は、出身大学が同じであるなど、自らが属するコミュニティのメンバーに協力的に振る舞います。

自分の所属集団に対するこうしたひいきは、実力主義が前提とされる世界ではさまざまな不公平や偏見につながりかねません。しかし、集団への帰属意識の仕組みを理解することで、この不公平な側面が現実のものにならないように気をつけながら、自分が所属する集団の仲間意識を意図的に強め、内集団の人たちから助けを得やすくすることができます。管理職は、シンプルなテクニックを使うことで、チームを深い絆を持つ真の集団のように感じさせ、従業員同士が親切に助け合う雰囲気をつくりだせます（もちろん、チームの信頼を深めるための活動で用いられる、受け止めてくれる仲間を信じて後ろ向きに倒れる「トラストフォール」や、チームで協力してロープを使いながらアスレチックコースを移動する「ロープコース」などは行いません）。

私たちは人を無意識に分類している

アメリカでは、カクテルパーティーで初対面の人から最初に尋ねられる質問は、「仕事は何を?」です。でも、この質問を口にする前に、相手の脳は「この人はどの集団に所属してる?」という別の質問を尋ね――そして答えを導き出している――のです。**脳は、見知らぬ人を発見すると、瞬時かつ自動的にその人を社会的なカテゴリー(「男性」「ヒスパニック」「弁護士」など)に分類し始めます。**

人が所属する社会的カテゴリーや集団は、私たちが選んだものもあれば、生まれたときから属しているものもあります。集団は、共通の特徴や行動、信念などで構成されます。そして、脳は通常、社会的に大きな意味がある集団(人種、性別、国籍、年齢、政党、職業など)を基準にして分類を行います。

「高齢者」は集団です。「車のセールスマン」や「仏教徒」「女性」「レズビアン」「ティーパーティーの活動家」「ヌーディスト」「サッカーママ」もそうです。ある人がこうした集団のどれかに属しているのを知ることは、その人を理解するための手がかりになります。その集団のメンバーが持つのと同じ属性をその人も持っていると考えられるからです。しかしそれは、私たちが想像するほど（少なくとも無意識のレベルで）多くのその人個人についての情報を与えてくれるわけではありません（この点については、後で詳しく説明します）。

ただし、ありふれた属性を共有していても、必ずしも集団にはなりません。たまたま同じデパートで買い物をしている人たちのあいだには、大きな意味を持つ共通点はありません。私たちは、重要な属性を基準にして人を集団に分類します。こうした属性は、その人が誰であり、どんなふうに考え、感じ、行動するかについてのヒントになるからです。

結局のところ、私たちが分類をするのには、とても実用的な理由があります。私たちは、人を含めあらゆる事物を分類します。それは、人間がこの世界で生きていくために不可欠だからです。もし、新しい事物や人に出会うたびに、それが何であり、どう対処すればいいのかがわからなければ、どうなるでしょうか？　部屋に入ると、四角い素材が四本の脚の上に載っていて、もう一つの四角い素材が九〇度の角度で付けられた物体があります。それを「椅子」というカテゴリーに分類できなければ、この物体は座るべきものなのか、登るべきものなのか、食べるものなのかすらわかりません。

しかし、この物体が「椅子」だとわかれば、それが何のためのもので、どんなふうに使えばいいのかがすぐにわかります。「信号機」や「ベーグル」「ホッキョクグマ」などのカテゴリーにも同じことが当てはまります。分類をすることで、私たちはそれまでに直接見聞きしたことがないものであっても、それが何かを知り、適切な行動をとれるようになるのです。目の前にいるこのホッキョクグマに出会ったのは初めてかもしれなくても、それが属するカテゴリーについての知識があれば、近寄って頭をなでようとしたりはしないはずです。

「集団」は、私たちが他人を分類するときに用いるカテゴリーです。「ホッキョクグマ」と同じように、その人を「警察官」「祖母」「逃亡犯」といったカテゴリーに分類できれば、相手がどんな人で、どんなふうにコミュニケーションすべきかを（ある程度は）推測できます。間違っているかもしれませんが、少なくともまったくの出鱈目《でたらめ》な推測ではありません。人間の脳が（多くの場合は無意識に）自動的かつ簡単に他人を何らかの集団に分類できるように進化した理由はここにあります。

私たちは、他人がどの集団に属するかという情報を、その人の「肌の色」や「身につけている制服」といった外見的な特徴からだけではなく、「名前」などの所属集団を推測できる他の要素からも得ています。企業の採用では、これが問題になることがありま す。採用担当者が、応募者の純粋なスキルや経験だけではなく、履歴書に記載された名前にわずかな影響を受けることがあるためです。たとえばある研究によると、採用担当者は、二つの履歴書がまったく同一であっても、「クリスティン・ジョーンズ」と「ラトーヤ・ジョーンズ」という名前が書かれた履歴書の書類審査を終えた後に、ヒスパニック系を連想させる後者よりも白人を連想させる前者を五割も多く面接審査に進ませました。名前から推測される人種的属性を連想したことが、その判断に影響していたのです。

そして、これは人を集団に分類することの明らかな負の側面です。

人は——たいてい無意識のうちに——集団への固定観念(ポジティブなものとネガティブなもの)に基づいて、そこに属する特定の個人について判断を下します。これは、もし、①その固定観念が常に正確で、②集団のメンバーの属性が他の全員とまったく同じであれば、問題はありません。しかし、この二つがどちらも事実ではないのは明白です。その結果、私たちは(特に初対面の)他人について、ごく頻繁に間違った印象を抱いてしまうのです。

さらに、初対面の相手に「自分とは別の集団（外集団）に所属している人間だ」と見なされた場合は、面倒なことが起こります。人は、自分と所属する集団が異なる人に対して、否定的な印象を抱きやすいからです。また、外集団の相手を判断する際に用いる固定観念や一般化の度合いは、仲間に対するときよりもはるかに大きくなります。

集団の外側にいるのか、内側にいるのか

集団の一員であることは、私たちにとってとても良いことです。前述したように、太古の昔、集団に属していることは、人間が生き延びるため不可欠でした。体毛も薄く、痩せていて、牙や鉤爪《かぎづめ》もない人類が、厳しい自然界で身を守りながらたった一人で生きていこうとするのは得策ではありません。男女一組が野生のなかで三週間サバイバルする、人気テレビドキュメンタリーの『ネイキッド・アンド・アフレイド』の出演者でさえ、一人っきりではなくパートナーがいました。

しかし、集団に属するメリットはオオカミに食べられないことだけではありません。

帰属意識やつながりの感覚が得られますし、一緒に試練や不遇を乗り越えるのでお互いへの理解が深まり、認め合うようにもなります。肉体的、精神的な安心感も得られます。そしてもちろん、力を合わせることで、一人ではできない大きな仕事を成し遂げられるようになります。

集団のメリットは他にもあります。メンバーの誰かが達成したことを、直接的には何もしていなくても、自分の手柄のように感じられるのです（「昨晩、俺たちは最高の試合をした」と言う中年太りのフットボールファンがその典型例です）。

もちろん集団には、外集団と緊張関係になりやすい、外集団のメンバーへの偏見や差別が生じやすい、といったマイナス面もあります。心理学は〝人は外集団のメンバーをどう認識するか〟を五〇年以上にわたって研究し、次のような思考パターンがあることを発見しています。一部の例として紹介します。

同じような人間の集まりだと見なす

人は、内集団のメンバーはそれぞれを個性的な人間と見なしますが、外集団のメンバーに対しては一般化や固定観念を当てはめ〝どれも同じような人間だ〟という大雑把な印象を持つ傾向があります。

自分の集団との違いを誇張する

たしかに、平均すれば集団間には違いは存在します。しかし、その違いは誇張されがちです。たとえば、世界のさまざまな文化には、男性と女性には「積極性」や「おしゃべり」といった特性に実際以上の違いがあるという固定観念が見られます。「男は火星から、女は金星からやって来た」といった表現は、こうした誇張の典型例です。しかし私たちはみな地球の出身なのであり、違いよりも類似点のほうが多いのです。

レッテルを貼る

私たちは、自分が属する内集団のメンバーが何か特殊な行動をとったとき（酔って喧嘩《けんか》をする、ガソリンスタンドで略奪行為をする）、「私たちはみんな同じようなことをする」とは考えません。しかし、外集団のメンバーが同じことをしたときは、別の見方をとります。これは、心理学で「錯誤相関」と呼ばれるもので、実際には無関係な二つのもの（例「誰かが属する集団」と「そのメンバーが酔って喧嘩をすること」）を、相関があると見なしてしまうのです。

ネガティブな先入観で接する

外集団のメンバーと会うときは、緊張し、不安などのネガティブな感情も起こりやすくなります。会うことを想像するだけでも、こうした感情が起こることがあります。私たちは無意識に外集団の人たちと一緒にいることに落ち着きのなさを覚えていて、コミュニケーションがぎこちなく、不快なものになるかもしれないという不安をはっきりと感じています。皮肉にも、こうした思考が現実化することがあります。たとえば、ある外集団のメンバーに敵意を持たれていると予期すると、私たちは（無意識のうちに）その敵意を現実のものと見なし、相手の敵意を誘発するような行動をとってしまうのです。敵意を顕《あら》わにはしなくても、二人のコミュニケーションは相当に不快なものになります。

これらの思考パターンの影響は、理論上、〝外集団のメンバーに対する偏見を避け、公正かつ正確に人を扱う〟と強く意識していれば軽減できます。しかし、そのためにはかなりの（認知的な）労力が求められます。逆に言えば、時間的なプレッシャーを感じていたり、考え事で頭がいっぱいになっていたり、恐れや不満のような強い感情を抱いているときなどは、これらの影響は悪化してしまうのです。少し考えてみれば、私たちがこれら三つをどれも経験していないときがめったにないのがわかるのではないでしょうか（「眠っていたとき」はカウントされません）。つまり、外集団の人に偏見を持たない状態にあるのは簡単ではないのです。

他の霊長類も、集団内のメンバー同士で良い行動（向社会的行動）をとります。興味深いことに、人間はこれらの効果が匿名の内集団メンバー（つまり、見知らぬ他人）に及ぶというユニークな特徴があります。もちろん、共通の目標や経験、重要な類似点に基づいてつくられた社会的な意味のある集団は、強い仲間意識を生じさせます。しかし、人間はチンパンジーやゴリラとは違い、相手が〝仲間〟であると見なすための基準が、とても幅広いのです。ときには、それが滑稽《こっけい》だと感じられるケースすらあります。

「最小条件集団パラダイム」という概念を発見した心理学者のヘンリ・タジフェルが一九六〇年代と七〇年代に実施した、とても有名な心理学実験があります。「最小条件集団」という概念は、文字通りの意味を持っています。ある人を自分と同じ集団の一員だと見なすためには、どれくらいの共通点が必要でしょうか？　実は、ごくわずかしか必要ないことがわかっています。タジフェルらは実験で、次のような些細なこと（ダミー実験）をするだけで内集団が形成され得ることを明らかにしました。

●被験者に画面上に瞬間的に表示される黒点の数を推測させる。次に、被験者に対して無作為に「多く見積もった人」と「少なく見積もった人」だったと結果を伝える（実際の結果とは無関係だが、それは被験者には知らせていない）。

●被験者に抽象画を見せて評価させ、その答えに基づいて「あなたはパウル・クレーの絵を好んだ」「あなたはワシリー・カンディンスキーの絵を好んだ」と無作為に伝える（ほとんどの被験者はどちらの画家についても何も知らなかった）。

集団内の被験者は全員初対面で、共通の目的もありませんでした。共通していたのは、たいした意味のない個人的な特性や好みだけです。にもかかわらず、その後で他の被験者への報酬（お金やキャンディーなど）を割り当てる作業を指示された被験者は、同じ集団の被験者をひいきする割り当てをしたのです。**つまり、私たちが内集団のメンバーをひいきしたいという欲求はこれほど強く、意外に思えるような状況でも起こり得るのです。**

とはいえ、なぜ私たちは自分を犠牲にしてまでも集団を助けようとするのでしょうか。前述したように、それは人類の進化の過程が関わっています。個人を犠牲にしてでも集団を助け、全体の生存率を高めようとする戦略は、私たちのＤＮＡに書き込まれています。個人が利己的な行動に走らず自分を犠牲にすることが、集団の利益になる場合があるからです。でも、それですべてが説明できるのでしょうか？

そんなことはありません。繰り返しますが、集団の一員であることは私たちのアイデンティティ（〝自分は何者なのか〟という自己認識）の大きな役割を担っています。人間にとってアイデンティティはとても大切な問題です（次章で詳述）。研究は、人間は集団内のメンバーを助けると満足感を得るという生まれついての傾向があることを示唆しています。**〝集団を繁栄させて、自分のアイデンティティを守り、強めてもらいたい〟という動機を持っているからです**（例「女性が〝女性の社会進出〟を促すために、他の女性を助ける」」)。

「被験者が内集団と外集団のメンバーが報酬を受け取るのを観察しているときの脳の反応」をfMRI(磁気共鳴機能画像法)で調べた実験があります(心理学者のレオール・ハッケル、ジャミール・ザキ、ジェイ・バン・バベルら)。実験前、被験者であるニューヨーク大学(NYU)の学生が、内集団(同大学の学生)に対して感じているアイデンティティの程度が調べられました。具体的には、「NYUの学生であることが、自分のアイデンティティにとってどれくらい重要だと思うか」「自分は他のNYUの学生とどれくらい〝似ている〟と思うか」を尋ねました(外集団の学生は、同じくニューヨーク市にあるコロンビア大学の学生でした)。

「NYUの学生」というアイデンティティが強い被験者は内集団のメンバーがお金を受け取るのを観察すると、報酬に関わる脳の領域(腹側線条体と内側前頭前皮質)に強い反応が見られました。自分自身は報酬を得ていなくても、被験者の脳はそれを自分のことのように見なしたのです。しかし、外集団のメンバーに対する反応は違いました。自分はNYUの学生だという意識が強い学生は、コロンビア大学の学生が報酬を得ても、それを自分のこととは受け止めていなかったのです。

この効果は、現実の社会でも観察できます。たとえば組織への帰属意識やつながりを強く感じている従業員ほど、同僚に対して支援的であることがわかっています。

外から内へ

集団への帰属意識が生じさせるこうした効果を見れば、世界が多くの問題を抱えている理由も不思議だとは思えなくなってきます。外集団に対する偏見は、私たちがお互いを見る目を曇らせ、不要な敵対心を生み出し、溝を深めます。

とはいえ集団のメンバーであることは、外集団のメンバーに対する差別の源になるだけではありません。正しい状況下においては、それは私たちを隔てる溝を埋めるための手段にもなり得るのです。

これまでに何度も実施されてきた実験があります。被験者はコンピューターの画面に瞬間表示される肯定的な言葉（「子犬」「花」「日光」）または否定的な言葉（「嘔吐」「ゴミ」「苦しみ」）を識別します。その際、言葉が表示される前に、人間の顔が一瞬だけ画面表示されます。その結果、肯定的な言葉が表示されたとき、白人の被験者は直前に内集団（白人）の顔が表示されていた場合は識別が速くなり、外集団（黒人）の顔が表示されていた場合は遅くなるというように、所属集団のメンバーの顔に影響されることがわかっているのです。これは、私たちの気分を落ち込ませるような研究結果です。

しかし、この実験を異なる方法で実施したケースがあります（オハイオ州立大学の心理学者ジェイ・バン・バベとウィル・カニングハムによる）。そこには大きな違いがありました。被験者は言葉の識別作業の前に、テーブルに置かれた二グループに分けられた写真を見せられます。どちらのグループにも白人と黒人の顔の写真があります。この写真は、この後の言葉の識別作業の際にコンピューターの画面で表示されるのと同じものです。被験者は、片方のグループが自分と同じチーム（後で作業を一緒に行う）のメンバーであり、もう一方のグループは相手チームのメンバーだと告げられ、この写真の顔と対になった肯定的または否定的な言葉の識別作業を行いました。

結果は意外なものでした。被験者は、自分のチームのメンバーと対になったときに肯定的な言葉を速く識別していたのです。その写真の顔の人間が、被験者と同じ人種であるかどうかは問題ではなくなっていました。

つまり、人種は私たちの脳が他人を分類するために用いる基準の一つに過ぎません。

私たちは、同じチームに所属している、同じ目標に向かって協力している、などの他のカテゴリーに目を向けられるのです。そうすれば、脳はその基準に基づいて、集団内に誰がいて、誰がいないのかを判断するようになります。

あなたは同僚に、無意味な写真の分類を手伝ってもらいたいとは思っていないはずです。しかし、協力してもらいたいことは確実にあるはずです。では、集団心理学の研究成果をどう活用すれば、他人から助けてもらいやすくなるのでしょう?

▼「一緒に」という言葉を使う

いかにも安っぽい響きがするのはわかっています。しかし、「一緒に」という言葉を使うだけで、強い動機付け効果が得られることを示す、スタンフォード大学のプリヤンカー・カーとグレッグ・ワルトンによる最近の研究があります。少人数の被験者はまず実験室で顔を合わせ、その後で一人ずつ別室に移動してパズルに取り組みます。「心理的に一緒」の被験者群は、別室にいてもチームで一緒に作業に取り組むと指示されており、パズルを解くために別室にいるメンバーとメモを通じてアドバイスを交換できるとされています（自分が書いたメモは被験者に渡し、実験者からは他の被験者が書いたことになっているダミーのメモを受け取ります）。一方、「心理的に一人」の被験者群は、別室に移動するときに他の被験者とチームでパズルを解くという指示は与えられません。途中で実験者から、「心理的に一緒」の被験者が受け取ったのと同じダミーのメモを受け取ります。このように、実際にはメモはすべてダミーだったため、両群の被験者は全員、一人でパズルに取り組みました。唯一の違いは、「心理的に一緒」の被験者群が〝チームでパズルを解いている〟と思っていたことだけでした。

しかし、この小さな違いが大きな効果をもたらしました。「心理的に一緒」の被験者群は、「心理的に一人」の被験者群よりも四八パーセント長く作業し、多くの問題を正解し、パズルの内容を良く記憶していました。また、作業による疲労が少ないと感じ、パズルを解くことに楽しさを覚えていました。これは、この被験者たちが内発的に動機付けされていたためだと考察されています（チームへの義務感から何かをすることを強いられると感じる「外発的動機付け」ではなく）。

「一緒に」という言葉は、脳にとって他者と結びつくための強力な手がかりになります。**この言葉を聞くことが、脳にとっては報酬のように機能します。**あなたは自分が集団に帰属していて、他者とつながっていて、同じ目標に向かって共に働く信頼できる人々がいると感じることができるのです。

▼共通の目標に目を向ける

共通の目標を持つことは、他にどのような集団に属していても、相手とのあいだに仲間意識をつくり出せる強力な方法です。なぜなら、脳はその人が自分と同じ目標を持っているかどうか、その成功がその人にかかっているかどうかに、とても敏感だからです。このため共通の目標に意識を向けさせることで、相手から助けを得やすくなります。

例を挙げましょう。

「サンジェイ、あなたのチームは顧客開拓に熱心に取り組んでいるよね。私も今、顧客開拓を念頭に置いたプロジェクトを進めているの。だから、あなたの専門知識を借りることができればとても心強いと思っている。手を貸してくれない？」

「マリア、僕たちはどちらも例のプログラムの運営方法に懸念を抱いている。そして、僕たちはこの職場で成功することに全力を尽くしている。君の力を借りれば、あのプログラムを大幅に改善できると確信しているんだ。協力してくれないだろうか？」

この原則は、チームや組織内に助け合いの雰囲気をつくり出すためにも活用できます。私たちは、他者と一緒に明確で野心的な目標の達成を目指すのを楽しいと感じるからです。「売上を二〇パーセント増やす」「九月一日までに新製品を発売する」「これまでになかったような新しいウィジェットを発明する」といった目標を全員が意識していると、連帯感が高まります。そして、メンバーはお互いに助け合うようになるのです。

▼共通の（外集団の）敵を探す

第三者に対する敵意ほど、人々を結びつけるものはありません。共通の敵や競合他社に意識を向けることには、共通の目標に意識を向けることが集団の結束力を高めるのと同じ効果があります。これは（少なくとも外野から見ている限り）、選挙運動で好んで採用される戦略です。私の記憶が正しければ、二〇一六年のアメリカ大統領選挙の際に、相手候補の長所に触れた広告はほとんど見かけませんでした。逆に、もし相手側の政党の候補者が当選したら、アメリカはすぐにも地獄に落ちてしまうだろうといった論調ばかりが目立ちました。共通の脅威や敵に目を向けることで集団意識を高めることは、残念ながら、人間を行動に駆り立てるためのとても効果的な方法なのです。そしてこの戦略は、あなたが日々のサポートを得るためにも使えます。

例を挙げましょう。

「ザナ、私たちは最大のライバルX社に大打撃を与えようと策を練っているの。あなたの専門知識を貸してもらえない？」

「ジェームズ、僕たちはどちらも、スティーブンが営業部長に昇進するのを見たくはないよね。実は、僕も部長候補に名乗り出ようと考えているんだ。力になってくれないかな？」

先ほどと同じく、職場でもこのテクニックを活用できます。しかし、組織での派閥争いに関わりたくないのであれば、この方法は慎重に使うべきです。波風を起こさないためにも、敵は社内ではなく、社外に置いておくほうがいいでしょう。

▼共通の客観的特性ではなく、共通の経験や感情について話す

お互いの共通点に注目することは、仲間意識を強める良い方法です。しかし何より重要なのは、何を共通点として持っているのか（そして、それをどう相手に伝えるか）です。心理学では、これらの共通点を二つのタイプに分けています。一つは、共通の「経験」――特定の状況や経験、テーマについての個人の気持ちや考えです。たとえば「この街を遠目から見て、その美しさに驚いたことはありますか？　私はいつもうっとりしてしまうんです」「僕たち、チームに自分たちの声が届かないとどんな気分になるかをよく知ってるよね」などです。

もう一つは、これと対照的な「客観的特性」――出身校、趣味、髪の色などです。

「私はハーバード出身です。あなたもそうですか？」「私たちはどちらもゴムボートでの急流下りが趣味のようですね」

ある相手とのあいだに、「経験」と「客観的特性」の両方のタイプの共通点が見つかる場合もあります。たとえば、ある組織の管理職に、女性が二人しかいないとします。それは、客観的な特性に関する共通点です。他には何も共通点がないかもしれませんが、そうではない場合もあります。片方が、「女は私たち二人だけよね。何かと面倒なことが多くない？」と話しかければ、それは共通の「経験」を見つけたことにもなるからです。

ただし一般的には、強い仲間意識を生み出すのは共通の「客観的特性」ではなく「経験」のほうです。お互いのあいだに、似たような認識や思考、感情を見出すことが効果的なのです。前述したように、人間には自らが属する集団を基準にした偏見を持ちやすい傾向があります。それでも研究によれば、共通の経験について話をすると、相手が見知らぬ人であっても好感が高まります。同じ経験を共有することで、相手とのつながりを感じ、価値観を確かめ合えるからです。

そのために、優れたチームビルディングのプログラムでは「二つの真実と一つの嘘」

のような相手の客観的特性を知るためのゲームだけではなく、共通の経験や感情をつくることを重視した活動が多く取り入れられます。一緒にジェットコースターに乗って興奮したり、大勢の人の前でカラオケを歌う緊張感を共に味わったり（ちなみに、カラオケが大好きで人前でも緊張せずに平気で歌える私は、たぶん少数派です）。

仲間意識をうまく用いて組織内に助け合いの精神を醸成していくには、まずは共通の感情や経験を探すことから始めましょう。同じ旅をしている仲間のような感覚をつくり出していくのです。

第7章のまとめ

●集団への帰属意識の仕組みを理解し、私たちがいつ、どんなときに他者を自分たちの集団のメンバーと見なすか（または見なさないか）を知ることは極めて重要である。なぜなら、それは誰があなたを助けてくれる（助けてくれない）かを予測する、もっとも信頼度の高い方法の一つになるからだ。

●同じ集団に属しているという感覚があると、その相手を助けようという動機が生じる。自分の所属集団に対するこうしたひいきの感覚は、実力主義が前提とされる世界ではさまざまな不公平や偏見につながりかねない。しかし、集団への帰属意識の仕組みを理解することで、この不公平な側面が現実化しないように注意できるようになる。

●「同じチームに所属している」「同じ目標の実現を目指している」といった共通点のなかから、何に注目すべきかを選択することで、脳はそれを基準にして相手が集団の内外のどちらにいるかを判断するようになる。

第8章 「自尊心」を刺激する

「あなたを『ゲーム・オブ・スローンズ』の登場人物に喩《たと》えると？」「ホグワーツ魔法魔術学校に入学するとしたら、どの寮に入りたい？」「あなたは内向的？　それとも外向的？」「楽観主義者？　現実主義者？」「このフェイスブックのクイズに答えてください」――。

性格テストの人気の高さからも明らかなように、私たちは自分のことを知ろうとするのが大好きです。一見すると、これは何時間も鏡を見つめているような、自己愛的な行為のようにも思えます。しかし科学が示しているように、自分自身の思考や感情、行動に細かな目を向け、自己を正確に理解しようと試みるのは、とても実用的で有益な行為なのです。

私たちの多くは、自分自身を（正しいにせよ間違っているにせよ）親切な人間だと見なしています。親切であることは、自分が善い人間であることの裏付けにもなるからです。つまり親切であることは、私たちにとってアイデンティティ（自己認識）の重要な側面になります。また少なくとも理論上は、親切な人であることは、自尊心を高める手段にもなります。もちろん、そこには従うべき規則や守るべき限度があります。そのため、自尊心の力を活用するには、仲間意識のときと同様、その仕組みをよく理解する必要があります。

自分自身を知る

自分に関する知識のうち、あなたに大きな影響を及ぼす側面は二つあります（あなたがそれを理解しているかどうかにかかわらず）。**一つはアイデンティティ、すなわち自己概念です。**「特性」「長所と短所」「態度」「好み」など、あなたが自分自身に抱いている概念です。私たちは毎日、この知識をほぼ無意識のうちに使って、何百もの選択をしています。「昇進を目指すか」「次の休日に何をするか」「朝食は何にするか」「ドラマの『ストレンジャー・シングス』を見始めるか」――。こうした判断の基準になるのが、アイデンティティの感覚なのです。ですから、自分がどんな人間であるかを（正確に）知っておくことはとても重要です。最大の幸福と成功が得られる、自分に適した最善の判断ができるようになるからです。

この自己知識の源になるものには、大きく二つあります。一つは自己認識です。これは文字通り、他人に対してと同じように自分自身を観察することです。私たちは自分の思考や行動に目を向けることで、自分はどんな人間なのか、どのような能力や性格を持っているのかを認識しています。これは正確な評価につながるのでは？　と思う人もいるかもしれません。自分が何を考え、感じ、行動しているかを、自分よりも知っている人はいないはずだからです。

ただし残念ながら、自己を認識するのは簡単ではありません。私たちは、自分を行動に駆り立てているさまざまなものを、完全に意識することはできません。脳内で起きていることをすべて、常に意識しているわけではないからです。せいぜい、自分がしていることの理由を部分的に把握しているだけです。加えて、人間の記憶は不完全です。そしてその不完全な記憶が、私たちが自分自身について抱いているイメージに、いとも簡単に大きな影響を及ぼしているのです。

たとえば「あなたが過去にとった、自己主張の強さを示す行動を六つ挙げてくださ い」と頼まれたとします。特に難しくはないかもしれません。「先週の会議で、同僚に反対意見を述べた」とか、「先日、レストランでステーキの焼き具合が甘かったので突き返した」といった例がすぐに思い浮かんだ人もいるでしょう。(簡単に例が浮かんだから、私は自己主張の強い人間なんだ)と思った人もいるはずです。

では今度は、例の数を一二個に増やしてみましょう。今回は、難しいと感じたのではないでしょうか。七つ、八つと例を挙げた後は、なかなか次の例が頭に浮かんでこなかったかもしれません。ある実験では、「自分の自己主張の強さを示す過去の行動」を六個挙げるように指示された被験者は、一二個挙げるように指示された被験者に比べ、「自己主張が強い」という自己認識が大幅に高まることがわかっています。なぜなら、どれだけ自己主張が強い人でも、その例を示す行動を一二個も思い出すのは難しいからです。すると、自己認識はその影響を受けます。「もし自分が本当に自己主張の強い人間なら、すぐに例を一二個思い浮かべられたはずだ。それができなかったということは、自己主張が強くないからだ」と考えるのです。

そしてもちろん、私たちは他の目を通しても自分を知ろうとします。私たちが最初に抱く自分自身についてのイメージは、親の言葉の影響を受けています。たとえば、母親から「賢い」「面白い」と言われていると、そのような自己認識を持ちやすくなります。大人になると、私たちは自分自身についての情報を得るために、友人やパートナー、同僚、知り合いからどんな人間に見られているかを探ろうとします。

自分自身を判断する

あなたの世界を形づくる、自己認識の二つ目の側面は、**自分のアイデンティティについてどう感じているか**です。「自分のことが好きか？」「良い人間だと思っているか？」「有能だと感じているか？」——こうした評価は、あなたの自尊心に影響しています。

自尊心はアイデンティティの体温計のようなものです。周りから得たフィードバックに応じて上下動します。成功や称賛で上昇し、失敗や批判で下降します。ただし基本的には、それほど大きく変動しません。オスロやメキシコシティなどの都市と同じで、気温は一定の範囲内にとどまります。普段から自尊心が高い人はあまり落ち込んだりはしませんし、自尊心が低く普段からあまり自分のことが好きではない人は、いいことがあって気分が上がっても長続きしません。

自尊心に目を向けることは重要です。それは「人生の調子はどうか？」という大切な情報を与えてくれるからです。「この世の中で生きていくために必要なものを持っているか？　プライベート、人間関係、仕事の面で、望むような生き方ができているか？」という問いに答えてくれるのです。自尊心が高いときは、「自分は望む生き方ができるはずだ」と思えます。その結果、逆境を乗り越える自信や強さが得られます。研究によれば、自尊心の高い人は全体的にポジティブな感情を多く感じていて、苦しい時にも効果的な対策を立てて粘り強く物事に取り組みます。失業や近親者との死別などの辛い出来事があっても精神状態を保ちやすく、健康状態も優れ、病気や手術からも早く回復します。

自己認識に関するこの二つの側面――自分はどんな人間なのか、自分のことをどんなふうに思っているのかについての正確な見方を持っていること――の重要性が理解されると、心理学ではその当然の帰結として、私たちにとってこの二つのうちどちらが重要なのかという問題に注目が集まりました。人は自分自身を正しく理解することと、自分についてどう感じているかのどちらを優先しているのか、ということです。

その結果、**人は自分を肯定的にとらえるときに都合の良いものの見方をしていることが多いものの**（詳しくは後述します）、**ありのままの自分自身を知ることを優先していることがわかっています。**

人は自分自身を知らない、または自己認識が間違っているかもしれないと思うとても居心地が悪くなるため、驚くような反応を見せることがあります。

それを如実に物語るのが、テキサス大学オースティン校の心理学者ウィリアム・スワンによる有名な研究です。大学生の被験者は、研究室で質問票に回答して自尊心を測定します。次に、パーソナリティテストの一環として自分についての文章を書きます。その文章は、他の三人の大学生によって評価されると伝えられています。被験者は、他の三人の大学生による評価（偽物）を見せられたあと（一つは好意的、一つは否定的、一つは中立的な評価結果になっています）、どの評価者に会いたいかと尋ねられます。

あなたは、「どの被験者も、好意的な評価をした人に会いたいと思ったのではないか」と考えたかもしれません。実際、それはほぼ正解です。しかし、それは多くの被験者の自尊心が高かったからでした。自尊心が低かった被験者は、かなりの割合で、否定的な評価をした人と会いたいと答えたのです。

最初にこのような研究が発表されたとき、心理学者の多くは懐疑的でした。長いあいだ、〝人は自尊心を高めてくれる他人と接したい。特に、気分が落ち込んでいるときはそれが当てはまる〟と考えられてきたからです。しかしその後、自分自身を肯定的にとらえたいという欲求は強いが、自分自身を正確にとらえたいという欲求はそれを上回ることが明らかになりました。自分に自信がない人は、他人から褒められると不安になることがあります。違う見方をされることで、自分がとらえている自己イメージの正当性が損なわれたと感じるからです。ですからせっかく褒められているのに、「いいえ、結構です」と思ってしまうのです。

あなたも、この現象を体験したことがあるはずです。友人やパートナーを本心から褒めたのに、それに対して相手が怯んだり、反論したりしてきたことはないでしょうか？

「スーザン。あなたは料理がとても上手だね」

「そんなことないわ。あなたはわかってないわ。私の料理は、食べた人が死んじゃうくらい不味《まず》いんだから」

そのような反応をされたときは、相手の本意がわからず、気分を害することもあります。しかし、それは自分自身を正確に知りたいという欲求が、これほどまでに強いということなのです。自分は料理が苦手だと思っている（という自己認識を持っている）スーザンにとって、あなたの褒め言葉は「この人は、自分のことを良く理解してくれていない」という恐れを抱かせる場合があります。そして人は恐れを抱いているときに、ネガティブな反応をとるのです。

人は基本的には自己評価が高い

とは言っても、私たちの大半は褒め言葉を喜んで受け入れます。なぜなら、自分自身のことをおおむね肯定的に見ているからです。ですから褒められても矛盾は感じません。あなたは、このことを意外に思ったかもしれません。「人間には多くの欠点があるのに、みんなそんなに自己評価が高いの？」と。たくさんの欠点を抱える私たちは、どんなふうにして自分自身を好意的に見ているのでしょう? 実は私たちは、このトリックを実現させる巧妙な方法をいくつも持っているのです。

▼「あの人よりはマシだ」と考える

まず、私たちは「少なくともあの人よりはマシ」という見方をします。これは心理学の専門用語で「下方社会的比較」と呼ばれています。成績が「C」の学生は、「A」ではなく「F」の学生と自分を比べようとします。不幸な結婚生活を送っている人は、離婚の泥沼にはまっている友人を見て、「自分のほうがまだマシだ」と考えようとします。私たちは自分を絶えず他人と比較しています。それは意識的ではないことが多く、比較対象も無作為には選ばれません。私たちは、自分の気分を良くするために、自分よりも悪い状況にある誰かを標的にすることが多いのです。

▼都合良く自分のことを説明する

最近、何かがうまくいったときのこと（自分が成功者だと感じられるようなとき）を思い出してください（ゆっくり考えてみてください）。思い出しましたか？　では次の質問です。あなたはなぜその成功を手にできたのだと思いますか？

今度は、最近、何かがうまくいかなかったときのこと（自分が失敗者だと感じられるようなとき）を思い出してください。思い出しましたか？　では、あなたはなぜその失敗をしたのだと思いますか？

思い浮かべた成功と失敗の理由に、違いがあることに気づきましたか？

実は、自尊心が高い人は成功を自分の有能さに、失敗を状況のせいにする傾向があることがわかっています。「あの顧客を獲得できたのは、私が粘り強く努力し、創造的に考えたからだ。あの大口顧客を失ったのは、上司に他の仕事を押しつけられて、プレゼンの準備が十分にできなかったからだ」と考えるのです。

成功や失敗をどんな理由で説明するかは（心理学ではこれを「帰属」や「説明」のス

タイルの違いと呼びます）、私たちの自尊心と深く関係しています。また、これは無力感や抑うつを感じている人を見つけるための大きな手がかりにもなります。自尊心が高く逆境に強い人は、成功の理由を自分自身の一定した特徴（知性、創造性、勤勉など）と結びつける傾向があります。一方で失敗の理由は、変化しやすく状況的なものに帰属させようとします。「必要なサポートが得られなかった。戦略が間違っていた。相手に敵意を持たれていた（最後の説明は少し誇大妄想的ですが、十分にあり得る例です）。

▼現実から目を背ける

人間には、負の側面を否定する強い力があります。自尊心を保つためのもっとも一般的（かつ短期的、合理的、効果的）な方法は、自分の悪いところを無視することです。人は誰でも、意識を向けられる場所がいくつもあります。ですから、必要なときは失敗や欠点から目を背けることができます（たとえば私は、寝不足続きでひどい顔をしているときは、自分の外見のことは極力思い浮かべないようにしています）。しかし、このアプローチにはリスクも伴います。自分の悪いところを避けてばかりいると、しっぺ返しを食らってしまうことがあるからです。たとえば、整理整頓ができない、時間にルーズ、といった欠点を直視しようとしなければ、いつまでたっても改善は見込めません。夜間の運転中で視界が悪いことに気づいていても、それを無視していると、いつか道路脇の木に激突してしまうかもしれないのと同じことです。

この「否定」にとても近く、同じく結果的にはあまり効果的ではないアプローチが、「セルフ・ハンディキャッピング」と呼ばれるものです。

これは、ある対象に真剣に取り組むのを意図的に放棄することで、失敗したときにその理由を自分の能力や性格ではなく、〝努力をしなかったこと〟に転嫁させようとする方法です。

学生は時々、難しい試験の前にわざと勉強をしないことがあります。恋愛でも、私たちはわざと相手と距離を置いたり、関係が悪化するような行動をとったりすることがあります。失敗したときに、その理由を「勉強しなかったから」「距離を置いていたから」と理由付けすることができるからです。「失敗したのは自分に非があるからだ」と考えなくてもいいので、自尊心を守れるのです。

▼それでも私は素晴らしい

私たちは、失敗や欠点から目をそらすのと同じように、自分の最大の長所にレーザー光線を当てるみたいに目を向けることもできます。自分の素晴らしさに浸ったり、友人や同僚に自慢話をしたり、浴室の鏡のなかの自分に前向きな言葉をかけたりするのです。研究は、わずかな時間、自分自身の長所（誠実さや思いやり、寛大さなど）について考えるといった単純なことでも、自尊心は大きく高まり得ると示しています。

では、ここで再びこの本のテーマに戻りましょう。

「自尊心」を刺激する伝え方

人はしょっちゅう、親切で寛大な行為をしています。それは、状況的にそれが求められているからでもあります。私たちはほとんど何も考えずに、両手で荷物が塞がっている誰かがいたらドアを押さえて通してあげ、目の前で書類を落とした誰かがいたら拾って手渡します。それが、社会の規範だからです。道路の片側を通行しなければならないとか、道ばたで用を足したらいけないのと同じく、誰かを助けることは世の中のルールでもあるのです。ただし、親切な行為をしても、それがアイデンティティと結びついていなければ、私たちの自尊心は高まりません。大切なのは、「私は親切なことをした」ではなく、「私は親切な人だ」と感じられること。後者が感じられるとき、私たちが人を助けたいという動機や、助けることで得られる充実感は高まるのです。

たとえば、三歳児でも、「親切なことをしなさい」ではなく、「親切な人になりなさい」と言われたときのほうが、他の子供たちがブロックを片付けるのを助けるようになることが、研究によってわかっています。

同様に、選挙の前日に「あなたにとって投票することはどれくらい重要ですか」ではなく、「あなたにとって投票者であることはどれくらい重要ですか」と尋ねられた人たちの投票率は高まります。また、単に慈善事業への寄付を求められた場合よりも「寛大な寄付者になりませんか?」と尋ねられたときのほうが、寄付率は上がります。

親切なことをしてもらったとき、それを相手のアイデンティティと結びつけるのは、「感謝」のときにも重要なポイントです。最近の研究は、相手に感謝を伝えると、さまざまなメリットが得られることを明らかにしています。こうした研究内容を紹介する記事では、感謝することのメリットを享受するために、「感謝日記」をつけることを勧めているものもあります。

そのことに問題はありません。しかし感謝には、おそらくはもっと重要な別の側面があります。それは、感謝を伝えることで、相手との関係を深め、将来また助けてもらえる可能性を高めることです。

従来、感謝に関する研究は人間関係に注目したものが多く、脳への影響はあまり考慮されていませんでした。しかしその後の脳に注目した研究によって、感謝を伝えられた相手は、その後も長期的にその人に興味を持ち、関係を維持しようとすることがわかったのです。感謝を伝えられることで、助けた側は、時間や労力を投じた価値があったと感じるのです。

逆に言えば、感謝の気持ちを示さないことほど良好な人間関係を台無しにするものはありません。みなさんにも、こちらの親切に対して感謝の言葉もない無礼な態度をとられ、ショックを受けた経験があるはずです（子育てをしている人なら、朝食に感謝をしてくれない子供のことを思い出したかもしれません）。感謝がないと察知すると、相手はその人をもう助けようとはしなくなります。フランチェスカ・ジーノとアダム・グラントによる研究によれば、前回の助けに対して感謝されなかった場合、その人が将来的に同じ相手を助ける確率は半減します。

感謝の気持ちは、あなたと助けてくれた相手を結びつける接着剤です。そのような密接な関係があれば、サポートが必要なとき、何度でも手を貸してもらえるようになります。

依頼や感謝の言葉を伝えるときには、相手の特性や人間性に言及することが重要です。第6章で見たように、感謝を適切に伝えるには、相手の良いところ――親切、寛大さ、無私、見た目がいい（最後の一つは余計かもしれません）など――を褒めることです。助けてもらえて休暇が楽しめた、上司にいい印象を与えられた、ということばかりを話すべきではありません。もちろん、あなたは助けを必要としていました。しかし相手をやる気にさせ、助けることにやりがいを覚えてもらうには、自分のことではなく、助けてもらうことが相手にとってどんな価値をもたらすかに目を向ける必要があるのです。

重要なのはあなたではなく、助ける側のアイデンティティ

あなたの自尊心を高めるものが、必ずしも相手の自尊心を高めるとは限りません。動物愛護協会から、「すべての動物の友達になるため」と寄付を求められても、そのメッセージに共感しなければ人は寄付をしません。動物が嫌いな人だっています。その人にとっては、「地域の安全を守るため」に野良犬を捕まえるための費用を寄付してほしいと伝えられるほうが、はるかに良いアピールになるでしょう。

私たちが誰かにしてほしいと思っている行動は、相手から見れば別の価値を持っている場合があります。このため、あなたが適切な伝え方をすれば、相手はその行動によって自尊心を高めやすくなります。

たとえば研究によれば、環境保全のメッセージは、リベラルな価値観のみに訴える、狭い範囲の道徳的な言葉（「不正」「被害」「配慮」など）で伝えられる傾向があります。その結果、リベラル派にしかアピールしないものになりがちです。しかし、保守派に訴える道徳的な言葉（「純潔」「神聖」「権威の尊重」「愛国心」など）で同じメッセージを

描き直すと、別のパターンが浮かび上がります。例を見てみましょう。

●リベラル派に訴える書き方

弱く傷つきやすい自然環境を守ることで、全人類と世界に対する愛を示してください。行動を起こし、環境への被害を減らすのです。世界中の人々が持続可能な環境を享受できるように、自然保護に目を向けましょう。あらゆる生命を苦しみから守り、地球上に住む誰もが健康な生活を送れる権利を侵害されないようにするのです。あなたの共感を示してくださいー!

●保守派に訴える書き方

アメリカの純潔な自然環境を守るための戦いに参加し、国への愛を証明してください。故郷に責任を持ち、市民の義務を果たすことは、この国の誇るべき伝統です。自然環境を厳しく保護し、神が創造した天地を尊重しましょう。アメリカの自然を守る宗教的、政治的リーダーに従い、尊敬を表しましょう。あなたの愛国心を示してください！

環境保護のメッセージが自らの政治的・道徳的価値観と一致している人は、環境保護行動への興味を高め、気候変動の危険性を強く支持するようになることを示す研究もあります。**助けを求めるときは、相手をよく理解し、そのアイデンティティを肯定的なものにするようなポイントを強調することが大切なのです。**自分に意識を向けていてはいけません。

その相手だけに頼む

第5章では、助けを求める際に「責任の分散」を避けることの重要性について話しました。五〇人に同報メールで頼み事をすると、全員がそれぞれ「誰かがやってくれるだろうから、自分が何かをしなくてもいいや」と思ってしまうのです。

しかしここには助ける側の動機についての、見落とされがちなもう一つの重要なポイントがあります。それは、〃**誰でもできることでは、自尊心を高めにくい**〃ということです。人が与えたがっているのは、その人しかできない（堅い言葉にすれば「代替不可能」な）サポートです。**自分にしかできない形で誰かを助けることで、私たちの自尊心は高まるのです。**

研究によれば、人は代替可能な物（金など）ではなく、自分の「本質」に関わるもの――名前（署名）、所有物、身体の一部（献血）を与えることで、寛容さに関する自己認識や、そのサポートへのコミットメントが高まります。誰かにもらったばかりのものでも、一定の時間が経過することで、それを与える際に自分は寛容な人間であるという感覚が高まることもわかっています。

たとえばある実験では、被験者にペンを与え、最後に「途上国の子供たちのためにペンを寄付してほしい」と求めます。実験の始めにペンを与えられた被験者は、実験の終了間際にペンを与えられた被験者に比べ、それを自分のものだと感じる時間があったため、「自分は寛大で献身的である」と評価しました。

別の実験では、慈善事業の支援のためにクッキーを購入し、注文書に自分の名前を書いた人々は、クッキーを購入しただけの人たちよりも、「自分は寛大で献身的である」

と感じていました。

ここでは二つのことが起こっています。

一番目は、自分のものを与える（自分自身にしかできないことをする）ことで、寄付の価値が高まったような感覚が生じていることです。私たちは、私物に対しては、ただそれが自分のものであるという理由だけで、高い価値があると考えます。これは心理学で「授かり効果」と呼ばれるよく知られた現象で説明できます（簡単な例を示しましょう。ある大学生に大学のロゴ入りのマグカップを見せ、「いくらなら買うか」と尋ねると、「三ドル」と答えます。次に、別の大学生に同じマグカップをプレゼントし、「いくら払えば返してくれるか」と尋ねると、「五ドル」と答えたのです。後者の大学生は、自分のものになったことで、マグカップの価値を高く感じていたのです。これが、不動産取引が悪夢のようになってしまうことが多い理由です）。

二番目に起きているのは、自分しかできないサポートをすることで、自分は寛大な人間である、というアイデンティティが強まっているということです。他の誰にもできない何かを相手に与えることは、自尊心を大いに高めるのです。

ですから頼み事をするときは、**「これはあなたにしかできないことです。だからこそ**

ぜひお願いしたい」と相手の自尊心をくすぐるような伝え方をすると効果的なのです。

『スター・ウォーズ』で、レイア姫が「オビ＝ワン・ケノービ、あなたが唯一の希望よ」というメッセージをＲ２Ｄ２に託したように。

第8章のまとめ

●人は、自分のことを善い人間だと見なしたがっている。自尊心を高めるような行動には、相手を動かす強い力がある。

●人は、〝自分は善い人間ではない〟という感情を抱かせるものから目を背けようとする。逆に、単に誰かを助けるので〝自分は善い人間である〟と感じられそうであれば、その行動を積極的にとろうとする。

●三歳児でも、「親切なことをしなさい」ではなく、「親切な人になりなさい」と言われたときのほうが、他の子供たちがブロックを片付けるのを助けるようになることが、研究によってわかっている。

●相手の自尊心を高められるような形で頼み事をし、感謝を伝えるためには、相手の良いところを褒めるようにする。

第9章 「有効性」を感じさせる

「人生の意味とは？」

オーケー。ちょっと待ってください。問題が大きすぎます。もう少し小さくしてみましょう。

「人間は何を求めている？」

これでも、まだ大きな問題です。なにしろそれは、その誕生以来、心理学で議論されてきたテーマなのです。それ以前にこの問題に取り組んでいたのは哲学者でした。もちろん、これは心理学者と哲学者の専売特許ではありません。社会学者、政治学者（と政治家）、軍事指導者、マーケティングエグゼクティブ、教育者、ロビイスト、活動家、インフルエンサー――さらにはあらゆる企業が、人を行動に向かわせるものが何かを必死に探ろうとしているのです。

道ゆく人にこの質問をしてみれば、「人間は幸せになりたがっている」といった答えが返ってくるでしょう。心理学の父と呼ばれる（葉巻好きの）ジークムント・フロイトも、似たような答えを導き出しています。それは、その後の心理学が一世紀にわたって人間の動機を研究するうえでの暗黙の前提になりました。フロイトは、人間は快楽を求め、苦痛を避けようとしている存在であり、それ以上でも以下でもないと考えました。快楽（報酬）得られることをして、苦痛を生じさせることはしない、と。

一見すると、これはもっともらしく感じられます。それもあって、科学界も世間もおおむねこの考えを受け入れ、それから約一〇〇年間も、効果的なアメとムチを使って人をやる気にさせる方法を見つけようとしたのです。

ただし、この考えは間違っていました。正確に言えば、それは人間の行動を広く説明するものとしては、大きな欠陥があります。なぜなら、**人間には快楽や苦痛よりも重要なことがある**からです。もし私たちが、自分を助けてくれた相手に、助けたことによって恩恵を得てもらいたいのであれば、この「快楽や苦痛よりも重要なこと」が何かを理解しておかなければなりません。

〝人間の動機は快楽を求め、苦痛を避けることで成り立っている〟という説が間違っているのは明らかです。人は頻繁に快楽を捨て去りますし、ときには苦痛を求めることもあるからです。次の例を考えてみましょう。

●困難な状況に身を置き、毎日長時間トレーニングに励むマラソンランナー（ランナーズハイがあるからだ、と考える人もいるかもしれません。でもたとえランナーズハイでも、これほど過酷で大量のランニングをすべて快楽に変えることはできません）。

●寝不足になりながら、常に子育て中の子供のことで不安をいっぱい抱えている親（特に二人目、三人目の子供の場合は、そのような状況に追い込まれやすくなります）。

●一日中勉強している受験生。医科大学院への進学を目指し、毎日、有機化学や微分積分などの難しい科目に取り組んでいます（しかも、進学してからさらに勉強は四年間続き、その後は地獄のような研修期間も待っています）。

●仲間や民間人を守るために身を危険にさらす兵士。

もちろん、このことは日常的な場面にも当てはまります。今日一日にしたこと（朝食中の人は、昨日のこと）を思い浮かべてください。一日のうち何パーセントが、快楽をもたらす行動に費やされていましたか？ 次に、苦しく、ストレスが多く、退屈で、不快な行動には何パーセントを費やしていましたか？ 「快楽を求め、苦痛を避ける」ことが、あなたの人生の原則だと思いますか？

私はそうは思いません。みなさんも同じはずです。人はときに、自分の信念や、自分にとって大切なことのために死ぬことすら厭《いと》いません。その事実だけをとっても、人生が「快楽を求め、苦痛を避ける」ものではないことがわかります。死ねば、快楽は終わるからです。

たしかに、人はみな幸せになりたいのかもしれません。しかし、快楽は人間行動の大半を説明するものではありません。私たちは快楽のためだけに何かをするのではありません。それは誰かを助けようとする人を動かす主な力ですらないのです。ですから、私たちは人に頼み事をするとき、相手がその行為から快楽を得るかどうかを過度に心配する必要はありません。助ける行為そのものは、必ずしも楽しくも刺激的でもなくてもいいのです。それは私たちにとって良い知らせです。なぜなら、私たちが誰かに頼むことは、たいてい苦労の多い仕事だからです。

これまで本書では、**「仲間意識」**と**「自尊心」**という二つの「人を動かす力」を見てきました。この二つは、助けを求めるときに同時に両方がある必要はありません。どちらか一つを相手に感じさせれば、うまくいきます。しかし、助けを与える側がその行為によってメリットを得るためには、**必ず存在しなければならないもう一つの「人を動かす力」があります。それは、助けることで「有効性」を感じられることです。**つまり、助けた効果があったという手応えです。

「どれだけ影響を与えたか」の重要性

B・F・スキナー以降で、人間行動の動機付けに関する研究にもっとも貢献してきた心理学者は、E・トーリー・ヒギンズです（隠さずに言います。私にとってヒギンズは恩師で、一緒に共著も書いていますが、だからこのように称賛しているのではありません。彼は本当にすごい心理学者なのです）。

ヒギンズは最近の著書『Beyond Pleasure and Pain: How Motivation Works』のなか

で、「有効性」を感じたいという欲求（自分の行動に効果があり、結果に影響を与え、求めていた結果を達成したことを把握すること）こそが、人間を積極的に行動に向かわせ、人生を有意義なものにするものだと主張しています。私たちは、身の回りの世界に影響を与えたいと考えています。この観点からは、幸福感は少しポイントが外れています。人が日常的に苦しみを受け入れ、自分を犠牲にして何かに取り組むとき、その行動がどんな「影響」を生じさせるかのほうが、幸福感よりも重要だからです。

起業家は、「幸せ」だから立ち上げたばかりの会社を軌道に乗せるために一週間に一〇〇時間も働くわけではありません。オリンピックレベルのアスリートは、友達に囲まれた楽しい暮らしを諦めてスポーツ世界でパフォーマンスの限界を追求することを「楽しい」とは思っていません。毎晩、寝る暇もなく赤ん坊の世話をする母親も、そのことに「快楽」を覚えているわけではありません。しかしこれらの人々は、**自分たちの行動が現実世界に影響を及ぼしているという手応えを感じているからこそ、それを続けているのです**。有効性は、私たちを行動に向かわせる強烈な力を秘めています。

では逆に、有効性の感覚を欠くと何が起こるのでしょう？　短期的な影響としては、やる気の低下が挙げられます。研究も、フィードバックが得られないと、被験者がすぐにタスクへの興味を失うことを示しています。これは脳の動機付けのシステムとも深く関わっています。私たちが努力を継続し、行動を起こそうとするのは、脳が目標と現状のあいだの差を見つけたときだけです（これが、ダイエットで定期的に体重を測ることが重要な理由です。現在までにどれだけ痩せたかを把握することは、減量を続けるための原動力になります。目標に向かって近づいている、つまり自分がしていることが有効だという感覚が得られるからです）。

有効性の感覚が長期的に得られないと、疾患レベルの無力感やうつ病につながることがあります。抑うつ的な思考の顕著な特徴は、人生の良くない出来事や状況を、自分の力ではどうにもならないことや自分の特性に結びつけることです（恋愛がうまくいかないのは自分に魅力がないからだ。昇進できないのは能力が足りないからだ。給料が上がらないのは上司から嫌われているからだ）。人生に思うような影響を与えられないことが何度も続くと、〝自分には現実世界に変化を起こす力がない〟という無力感に陥りやすくなります。

この無力感を振り払えないと、やる気の低下はさらに悪いものにつながります。それは、人生の目的や意味が感じられなくなることです。新製品の発売に向けて何カ月も懸命に働いてきた女性社員の例を考えてみましょう。発売された製品はそれなりに売れました。期待していたほどではありませんでしたが、大失敗というわけでもありません。次のステップを議論するために、チームは会議を開きました。そこには、彼女をこのプロジェクトに誘った経営幹部たちもいました。ある幹部は、新製品の売上は散々だと不満を口にしました。さらに他の幹部は、彼女をプロジェクトに引き入れたこと自体を忘れていました。会議が終わった後、彼女は完全にやる気を失っていました。製品が思ったほど売れなかっただけではなく、幹部に自分がプロジェクトに存在することすら忘れられていたのですから。

当然ながら、有効性を実感したいという欲求の大切さは、人を助けるという行為にも当てはまります。自分がしたことの手応えを実感するのは、誰かを助けたいという動機につながりますし、助けることがもたらす心理的なメリットを十分に得るためにも重要です。新製品の開発のために残業してまで働いていたのに、プロジェクトに参加していることすら忘れられていたら、将来同じようなプロジェクトにアサインされたときに働く意欲を感じるでしょうか？　自分が寄付したお金が誰かの人生にどんなふうに役立ったのかを実感できなければ、満足感を得られるでしょうか？　推薦状を書いた相手からその後に何の状況報告もなければ、どんな気持ちになるでしょう? 自分が誰かのために時間やお金、労力を投じたことに、価値があったと感じられるでしょうか?

手応えの実感で、助ける意欲(とやりがい)が高まる

研究結果は、**人を助けることにおいても、有効性を感じることが人を動かす大きな力であること**を示しています。

たとえば、被験者に「ユニセフ」と「スプレッド・ザ・ネット」の二つの慈善団体のうちどちらかへの寄付を求めた実験があります。ユニセフはさまざまな子供たちの医療活動に資金を供給する大きな組織であるため、その寄付の内容は漠然としています。ユニセフへの寄付は、間違いなく恵まれない子供たちに恩恵をもたらします。しかし、誰がどのように恩恵を受けるのかは、寄付者にとってわかりにくいのです。それに対し、スプレッド・ザ・ネットの寄付の内容は具体的でした。寄付は、世界各地のマラリアが蔓延《まんえん》する地域に、蚊帳《かや》を送るための資金になります。

実験の結果、寄付金が大きくなるほど寄付者の幸福度も上がることがわかりました。

しかしその傾向は、（ユニセフではなく）スプレッド・ザ・ネットに寄付をした、自分の行動の結果をはっきりと理解できる寄付者に多く見られたのです。

有効性は、助けることがもたらす心理的メリットのみではなく、そもそも相手を助けるかどうかという可能性にも影響を与えています。たとえば、困っている人の立場に身を置いて共感を覚えると、自分がその人を助けることで何らかのフィードバックが得られると想像しやすいために、実際に行動を起こす可能性が高まります。また、私たちが見ず知らずの人に対してよりも、個人的に知っている人のほうをより助けようとすることもわかっています。これは、助ける側が、助けたことで生じる結果を想像しやすいからだと考えられています。

アダム・グラント、フランチェスカ・ジーノらによる研究は、**有効性を実感していると、長期的に人を助けようとする可能性が高まる**ことを示しています。

たとえばある研究では、助けた相手から礼状を受け取った被験者は、その相手のみならず、その他の人たちに対しても、さらなる助けを提供したいと考えるようになっていました。もちろん、この場合では「感謝」も動機付けに関わっていますが、人を助けたことの実感が得られたことも、重要な役割を果たしているのです。

別の研究では、大学の奨学金基金への寄付を募る電話ボランティアの人々を三つのグループに分け、奨学金利用者と接触させました。一番目のグループは接触なし。二番目のグループは奨学金利用者からの手紙を読みました。三番目のグループは奨学金利用者と短時間直接会い、この制度を利用したことで人生が変わったという報告を受けました。

一カ月後、奨学金利用者と直接会ったボランティアは、電話で寄付を募る時間と実際に寄付を集めた額が倍増していました。その後の調査によって、この変化の原因はボランティアが奨学金利用者と会うことで自分たちがしていることの影響と重要性の認識を高めたことだとわかりました。興味深いことに、単に手紙を読むだけではボランティアの行動に大きな変化は起こりませんでした。

また、グラントは中西部の株式非公開会社の外国向けコールセンターで新入社員の生産性を調査しました。この会社は教育・マーケティングソフトウェアを高等教育機関や非営利団体向けに販売しており、コールセンターの収益は別部門の社員の給料にも使われていました。ただし、コールセンターの社員が別部門の社員と直接接触する機会はありませんでした。

グラントは、別部門の社員の一人をコールセンターに招き、全員の前でスピーチをしてもらいました。その社員は一〇分間にわたり、コールセンターの収益が別部門での雇用の創出を支えていること、自分が働けるのもそのおかげであることを話しました。この短くも強力な介入は劇的な結果をもたらしました。コールセンターの売上は、その後の数カ月にわたってほぼ倍増したのです。

他人のために何かをするのはたいへんなことです。助ける側の人も、たくさんの仕事やストレスを抱えて忙しい毎日を過ごしているのです。それに誰かを助けることは、単に何かをするだけでは終わらないこともあります。困っている人が取り乱していたり落ち込んでいたりすれば、普段とは違う視点に立ち、感情を抑えながら、複雑な問題に対処しなければなりません。それは、心をすり減らすような体験です。それでも研究は、**誰かを助けたことの効果を実感すれば、疲弊した心も回復しやすくなる**ことを示しています。

ある研究では、MBAコースを受講する学生に、平日のみ一五日間にわたってアンケートに回答させました。アンケート項目では「今日は仕事で困っていた同僚を助けるために自分の仕事を中断した」といった項目によってその学生がどれくらい他者を助けているかを測定し、「自分が助けたことで、同僚には良い変化が起きた」といった項目によってその有効性も測定しました。最後にアンケート結果を分析した結果、学生が毎日の生活で感じていた疲労と、他者を助ける行動に相関があることがわかりました。人を助けている学生ほど、疲労が少なかったのです。

助ける側の有効性を高めるには

相手に助ける意欲を持たせ、助けることによるメリットを享受させ、そのサポートを継続させるには、有効性を感じてもらわなければなりません。これは、人に助けを求めるときに見逃されていることのなかでも、もっとも重大なものだと言えます。相手に有効性を感じさせるためのいくつかの方法を見ていきましょう。

①求めている助けがどんなもので、それがどんな結果をもたらすかを、事前に明確に伝える

曖昧で遠回しな頼み方をされると、自分が力を貸すことで何が起こり、どんな影響が

生じるのかがわかりません。私はよく、面識のない人から「コーヒーを飲みながら話を伺いたい」「あなたの知恵をお借りしたい」といった誘いを受けますが、このような場合は断るようにしています。相手が何を、どんな理由で望んでいて、何をしてほしいのかを明確に伝えてこない限り、その話に興味を持てないからです。それは、誰でも同じはずです。

②フォローアップをする（事前にそれを伝えておく）

誰かのために手間暇をかけて何かをすることが、本当にそれに見合う価値のあることなのかどうかを考えるのは気分のいいものではありません。助けた相手がその後でどうなったのかがわからないのも同じです。時間をつくり、相手の行動によってどんな変化が起こったのかを説明しましょう。依頼時にも、フォローアップをする予定だと伝えましょう。相手は、自分がこれからすることで何らかの影響が生じるという感覚を持てるようになります。

③できれば、相手に好きな方法を選ばせる

どんな助けを求めているのかは、はっきりと具体的に伝えましょう。しかし、たとえこちらが望んでいた形ではなくても、相手の提案は受け入れるべきです。忙しいなかで、自分にできる形で助けようとしてくれている相手が、柔軟に助けを与えることを望む場合があるのは無理もないことです。私も先日、記者から「第一印象」に関する専門家の意見を伺いたいと電話取材を申し込まれました。しかし私のスケジュールはタイトで、その後の二日間は会議の予定で埋まっていました。そこで、メールで質問に答えることを提案しました。理想的な形ではありませんでしたが、何らかの方法で力になれると思ったからです。結局、記者は私の回答からいくつか有益な引用をして、期限内に記事を書くことができました。私は忙しいからと取材を断るのではなく、自分にできる方法をとったことで、気分が良くなりました。

有効性について考えることで、私はついに、シェル・シルヴァスタインが書いた絵本の名作『おおきな木』に込められた意味を理解できるようになりました。それまでの私は、この本の魅力を本当に理解してはいませんでした。未読の人のために、簡単に内容を要約します。

木と少年はとても仲良しでした。年月の経過とともに、少年は次第に木から離れていきますが、時々立ち寄っては、自分勝手な理由で木にりんごの実や枝、幹などを求めます。木は少年への愛があるため、その要求に応じて自らの一部を捧げます。最後に、木は切り株だけの姿になります。老人になった少年は、その上に座ります。老人が切り株に座る絵が描かれた最後のページには、「その木は幸せでした」という言葉が書かれています。木は、〝損な役回りをした〟といった表現ではとうてい言い表せないほど、一方的に少年に尽くしてきたにもかかわらず。

しかし、このシーンを「有効性」のレンズを通して見れば、木の幸せは理にかなっていると言えます。木は、少年が望むものを与えるという意味においては、とても効果的だったからです（それでも、私にはまだこの少年がとても利己的に思えるのですが）。

同僚であれ管理職であれ、**〝自分の仕事（助け）で生じた影響を実感できる〟ように仕向ける**ことは、その人の動機を高めるためにあなたができる、極めて効果的な方法なのです。

頼み事は最高の気分を引き出す

正直に言えば、私は人に助けを求めるのが得意ではありませんでした。それどころか、これまでの人生で、誰かに頼み事をするのはできる限り避けてきたくらいです。高校生のときには、ドイツ出身の自分の母親に、難しいドイツ語の翻訳の宿題を助けてもらおうとしませんでしたし、大学では教育助手に助けを求めるのが嫌で、尋ねればものの五分で教えてもらえるはずの内容を図書館で何時間もかけて調べました。大学院では大きな借金を抱えましたが、両親には助けを求めませんでした。生活を成り立たせることができていないのを知られるのが恥ずかしかったからです。現在では、家政婦が家に来る前に家の掃除をします。散らかった部屋を掃除させたくはないからです。同じような例は他にもたくさんあります。

でも、この本を書くことで、私の考えは変わりました。なぜなら、助けを求めることについて私が感じていた気まずさは、この本で私が読者のみなさんに「すべきではないこと」だと繰り返し説明してきたのと同じ間違いから生じていたことに気づかされたからです。私は相手に「ノー」と言われるのを恐れていました。周りから助けを求められていないとも思っていました。誰かに助けを求めなければならないのは最悪なことだと信じていましたし、自分には誰かに助けを求める権利はないとも感じていました。しかし、それはどれも間違っていました。そのことは、研究結果がこれ以上ないくらいにはっきりと証明しています。

人は親切であるときのほうがそうでないときよりもはるかに多く、あなたに助けを求めようとしていないわけでもありません。そして、この本で紹介した「人を動かす力」を適切に用いれば、誰かを助けることは素晴らしい体験になります。誰かに助けを求めることほど、相手の気分を良くする方法もありません。それは私たちから最高のものを引き出し、最高の気分を味わわせてくれるものなのです。

この本で学んだことを、現実の世界で活かしていきましょう。助け合いながら、周りの人と共に生きていくことを始めましょう。私も、みなさんと同じようにそうします。そう、それが必要ならば、私たちは誰かの力を借りることに躊躇しなくてもいいのです。

第9章のまとめ

●助けを求める人が心に留めておくべき三つの「人を動かす力」の三番目は「有効性」。人は自分が誰かを助けたことが変化を起こしたという手応えを得たいのだ。

●自分がしたことで何の影響も生じていないという感覚があると、やる気が失われる。有効性を長期間感じられない状況が続くと、疾患レベルの無力感やうつ病につながることがある。

●人を助ける場面でも、有効性への欲求（助けたことで起きた影響を確認したい）は、助けることへの動機を持続させ、心理的報酬を享受するために欠かせない原動力になる。

●誰かに頼み事をするときは、それによって何を得ようとしているかを必ず伝えるようにする。また、助けてくれたことに感謝する際（感謝はしますよね？）、相手が助けてくれたことの結果を知らせるようにする。

謝辞

私は、人に助けてもらうことに関する本を書き上げたばかりです。私にその本を書く資格があるかどうかを疑っているのなら、心配は無用です。なぜなら、この本を書くためにたくさんの人に助けてもらったからです。ですから、私が人に助けてもらうことについてよく知っていると言っても、おかしくはないと思いませんか？

まず、いつものように私の最大の支援者であり、価値のあるアドバイスをしてくれた、母のシグリッド・グラントに感謝を。彼女はあらゆることで私を助けてくれました。こちらが頼まなくても、何でもしてくれる——本当に最高です。

最高と言えば、私の素晴らしい編集者で、共著者と同じくらいの仕事をしてくれた、サラ・グリーン・カーマイケルに感謝します。彼女がこの本（と私の正気）を救ったと言っても、過言ではありません。その洞察力と導きは、すべてのページにあります。この本を気に入り、有益だと思ってくださった人は、どうぞサラに感謝してください。

ハーバード・ビジネス・レビュー・プレスのエディトリアルディレクターで、並外れて辛抱強く、私を励ましてくれた、ティム・サリバンにも感謝します。この本の構成を考えてくれ、私が執筆しているあいだ、一度も催促することなく原稿を待ち続けてくれました。

この本、そして以前の私の著書の制作に携わってくれたHBRのみんなに心からの感謝を。

この本をふくめ、私が今までに書いてきた本はすべて、良き友人であり花形の文芸エージェントであるジャイルズ・アンダーソンなくしては誕生し得ませんでした。私のアイデアの善し悪しを見極める能力に優れ、これまで百発百中の精度を誇っています。私に本を書く機会を与えてくれたことに心から感謝します。

この本のアイデアが生まれるきっかけをつくり、その素晴らしい研究や文章で私を導き、私が見逃していたあらゆることを指摘してくれた友人や同僚——ドライク・ベール、バネッサ・ボーンズ、ジェイ・ディクシット、アダム・グラント、トーリー・ヒギンズ、デイビッド・ロック、トーマス・ウェデル＝ウェデルスボルグ、テッサ・V・ウェスト、ジェイ・バン・バベルに感謝します。

そして個人的に、ジョセフ・フランシスに感謝を。私の大切な友人として、いつも側にいてくれたことに。あなたは私の人生でもとりわけ困難な時期を、とりわけ幸せな時期に変えてくれました。

最後に、二人の子供、アニカとマックスに感謝を。この本の執筆を助けてくれたわけではありませんが、あなたたちは私の人生を素晴らしいものにしてくれています。

訳者あとがき

あなたは、「頼み事」をするのが得意でしょうか？　誰かに助けてもらいたいときにも、「どうせ断られるに違いない」と不安になり、重たい気分になってはいないでしょうか？　もしそうだとしたら、それはあなただけではありません。しかし、あなたは間違ってもいます。つまり、研究によって、人間は頼み事が成功する確率を、実際よりもはるかに低く見積もっていることがわかっているのです。では、私たちはどうすれば、この間違った思い込みを捨てて、必要なときに人の力を借りられるようになるのでしょうか？

本書（原題『Reinforcements: How to Get People to Help You』）は、「なぜ私たちは頼み事が苦手なのか？　助ける側と助けられる側がどちらも気分が良くなるような頼み方、頼まれ方をするにはどうすればいい？」という人間関係の根本に関わる問題を、豊富な科学的研究に基づいて深く考察し、実践的なアドバイスを提供する一冊です。

著者は、コロンビア大学で教鞭《きょうべん》をとる社会心理学者で、「モチベーションの科学」の第一人者と評価されているハイディ・グラント・ハルバーソン博士。『やってのける～意志力を使わずに自分を動かす』（大和書房）、『やり抜く人の9つの習慣』（ディスカヴァー・トゥエンティワン）、『だれもわかってくれない　あなたはなぜ誤解されるのか』（早川書房）など、ベストセラーになった邦訳書も多く、馴染《なじ》みのある読者も多いのではないでしょうか。

彼女は待望の新作となる本書でも、従来と同じくユーモアを織り交ぜた軽やかな文体でテーマの核心に深く迫り、専門的な心理学の概念をわかりやすく説明してくれると同時に、読者をあっと言わせてくれるような鮮やかな切り口で革新的で説得力のある理論を展開していきます。本書を読むことで、みなさんはこれまでの「頼み事」に関する自分の考えが根本からひっくり返されたような驚きを感じるはずです。

この本は三部構成です。第一部『なぜ、頼み事をするのは難しいのか』では、頼み事にまつわる「常識の嘘」が明らかになります。誰かに頼み事をするとき、私たちは「断られるかもしれない」「嫌われるかもしれない」と二の足を踏んでしまいます。加えて、自分も頼まれる側になることがあるにもかかわらず、頼む側になったとたん、相手の気持ちが見えなくなってしまいます。頼まれた方が「ノーと言うことへのプレッシャー」

を感じているという事実を忘れてしまったり、「一度断られたから、次も断られるだろう」と思い込んだりします（実際には、同じ人からの一度目の頼み事を断った人は、二度目には「イエス」という確率が高まります）。また、人を助けることがもたらすメリットも低く見積もっています（実際には、誰かを助けることで気分は良くなり、落ち込んだ気分が和らぎ、人生に対する満足度も上がっていきます）。

第二部の『良い頼み方、ダメな頼み方』では、どんなふうに頼めば、相手が応じてくれやすくなるかについて、実践的な方法が解説されています。カギは、「自律性」。相手は、「コントロールされている」と思った瞬間、相手を助けようとするモチベーションを大きく下げてしまうのです。また、私たちが陥りがちな「ダメな頼み方のパターン」も、具体例を用いて説明します。

第三部の『人を動かす3つの力』では、「仲間意識」「自尊心」「有効性」の3つの力を詳しく紹介します。人間は、自分と同じ集団に属する仲間だと見なしている人から頼み事をされたり、「助けることで自分の自尊心が高まる」と思ったり、「助けたことで良い影響が生じる」と実感できるときに、誰かを助けようとします。その心理をうまく活用すれば、頼み方次第で相手に応えてもらえる確率は上げられるのです。

著者も述べているように、私たちは一人では生きていけません。どんな人でも、誰かの助けが必要です。そして、私たちは誰かを助けたいとも思っています。「人に頼む技術」は、一見すると小さなことのように思えて、実は私たちの社会との関わりのなかでとても大きな役割を担っています。私たちのコミュニケーションの核心は、この、頼み、頼まれるという関係にあるとも言えます。

この技術が応用できるのは、頼み事だけではありません。相手の自尊心や自律性を損なわないように気をつけながらコミュニケーションをすることは、あらゆる場面で役立つ、人間関係を円滑にする黄金のルールです。また、著者は頼む側のみのメリットを強調しているのではありません。頼まれた側にとっても、相手を助けることで気分が良くなる、自尊心が高まるといったメリットをあることにも触れています。つまり本書は、「自分だけが得をする方法」ではなく、誰もが幸せになるためのカギを私たちに提供してくれているのです。

本書をお読みになってくださったみなさんは、これから「頼み事」をするときに、本書で紹介された方法を使おうと思ってくださったのではないでしょうか。「良い頼み方、ダメな頼み方」を意識するだけで、あなたの人生は格段に快適なものになっていくことでしょう。「人はみな誰かを助けたいという善き心を持っている」と信じられることは、私たちがストレスの多い現代社会のなかで生きていくうえでの頼もしい支えになります。本書が提供する知恵が、みなさんがこれからの人生を歩んでいくうえでの力強い味方となることを心から願っています。

翻訳にあたっては、徳間書店学芸編集部の武井章乃氏に温かく細やかなサポートと、訳出時の大きな指針となる的確なアドバイスをいただきました。心よりお礼申し上げます。

児島修

二〇一九年四月

装丁／井上新八
組版／㈱キャップス
校正／㈱鷗来堂
大戸毅

ハイディ・グラント

社会心理学者。コロンビア大学ビジネススクール・モチベーションサイエンスセンター副所長。コロンビア大学で博士号を取得。モチベーションと目標達成の分野の第一人者。「ハーバード・ビジネス・レビュー」「ハフィントンポスト」「サイコロジー・トゥデイ」「フォーブス」などへの寄稿多数。本書のほか『やってのける』（大和書房）『だれもわかってくれない』（早川書房）などのベストセラーがある。

児島 修

英日翻訳者。立命館大学文学部卒（心理学専攻）。訳書に『やってのける』（大和書房）、『一人になりたい男、話を聞いてほしい女』（ダイヤモンド社）などがある。

人に頼む技術

コロンビア大学の嫌な顔されずに人を動かす科学

第1刷　2019年5月31日

著　者　ハイディ・グラント
訳　者　児島 修
発行者　平野健一
発行所　株式会社徳間書店
〒141-8202 東京都品川区上大崎 3-1-1 目黒セントラルスクエア
電話 編集(03)5403-4344　販売(049)293-5521
振替 00140-0-44392

カバー印刷　真生印刷株式会社
本文印刷　三晃印刷株式会社
製　本　ナショナル製本協同組合

乱丁・落丁はおとりかえ致します。

ISBN978-4-19-864855-8